NOI STĂM COMPLET IDENTIFICAȚI ÎN NOUA CREAȚIE, REÎNNOIȚI ÎN CUNOAȘTERE, POTRIVIT MODELULUI IMAGINII EXACTE A CREATORULUI NOSTRU.

(COLOSENI 3:10 MIR)

OMUL KAINOS

JUSTIN PAUL ABRAHAM

Traducere: Larisa Tabita Stan

 PUBLICAT DE SERAPH CREATIVE

DEDICAȚIE

În onoarea lui

ERIC JOHN DAVIES
1928 - 2011

ce a lăsat o moștenire spirituală
pentru generațiile care vin

CUPRINS

Prolog: Zori de zi

PROLOG: ZORI DE ZI

Ai observat că lumea se schimbă rapid?

Inteligența artificială se apropie cu pași repezi de niveluri umane de conștientizare.

Știința pășește într-o înțelegere cuantică a cosmosului transdimensional.

Genetica este cartografiată și manipulată, provocând schimbări în natura speciilor.

Mișcări radicale au loc pe tot globul într-un ritm rapid aducând schimbări societale majore.

Suntem în era cu cel mai mare nivel de transformare de secole încoace - poate chiar în vremea celor mai mari schimbări din istoria umanității.

Umanitatea se trezește.

Somnul cel lung s-a sfârșit. Rezistența la schimbare a slăbit.

Semnele care arată că specia noastră este destinată pentru ceva mai mult sunt peste tot.

Profetul american Larry Randolph scrie:

Lumea se apropie cu repeziciune de o eră a conștientizării supranaturale. Ghicitul viitorului, comunicarea telepatică, cititul în palmă, prezicerile horoscopului și alte tipuri de activități paranormale experimentează un nou nivel de popularitate.

Dorința noastră de a auzi mesaje de "dincolo" a dus la nașterea unei categorii largi de oameni cu puteri paranormale care își oferă serviciile contra cost și a unor mediumuri cu statut de celebritate care susțin că ne pot vedea trecutul, ne pot prezice viitorul și pot comunica cu rudele noastre decedate. În fiecare zi suntem bombardați cu ideea de a înțelege necunoscutul.

Ce ne spune acest lucru?[1]

Cred că ne spune că ateismul, capitalismul și modernismul și-au ratat ținta. Sistemul de control religios instituționalizat nu a reușit să împlinească nevoia spirituală. Avem mai multe posesiuni decât oricare din generațiile anterioare, și cu toate acestea nu ne-am simțit niciodată mai goi.

Începem să fim frământați ca și specie. Strigătul mișcărilor globale de rugăciune și al caselor de rugăciune din perioada ultimului deceniu începe să își primească răspunsul. Cerul răspunde.

Există o durere adânc înăuntrul nostru care ne arată că suntem creați pentru ceva mai mult. Un vis care pur și simplu nu dispare. Așa cum scria cândva autorul profetic C.S. Lewis:

Dacă găsesc în mine dorințe pe care nimic din lumea aceasta nu le poate satisface, singura explicație logică este aceea că am fost creat pentru o altă lume.[2]

Cealaltă lume ne cheamă. Acea lume este locul de care aparținem.

La început a fost o șoaptă blândă undeva pe fundalul minților noastre, bântuind visele subconștientului nostru. Acum a devenit un strigăt. Reverberează puternic prin super-filme hollywoodiene cu rezoluție înaltă, seriale TV supranaturale, cărți mistice și o cultură saturată de spiritual.

Ziua neutralității față de supranatural s-a sfârșit. (Rick Joyner)[3]

Norul se mișcă și am face bine să ne mișcăm împreună cu el. (Patricia King)[4]

Există o Voce care ne cheamă ca și specie umană înapoi la designul nostru original.

O Voce care ne cheamă să ieșim din ignoranță și să pășim spre un viitor în continuă creștere și dezvoltare, dincolo de cele mai mari vise ale noastre. Un viitor dincolo de limitările spațiale și temporale, ale corpului uman și ale minții.

Un viitor al "Omului Kainos".

PARTEA ÎNTÂI:

INTRODUCERE
SECERIȘUL CARE VINE

Și se va întâmpla în zilele de pe urmă, spune Dumnezeu: Voi turna din Duhul meu peste TOATĂ umanitatea (AMPC)... toată făptura (CJB)... toți oamenii (ERV)
Faptele Apostolilor 2:17

Norii furtunii se adună pentru cea mai mare ploaie a tuturor timpurilor, o invazie globală de har măreț, care va produce trezire spirituală la nivelul întregului pământ și va duce la vindecarea națiunilor.

Numeroși profeți ai ultimului secol au prezis venirea unor evenimente extraordinare, profeți ca și Paul Cain. Timp de mai mulți ani, Paul a experimentat în mod repetat viziuni de tip transă ale viitorului. Era ca și cum vedea un ecran de film deschizându-se în fața lui. În timpul acestor experiențe spirituale profunde, Paul a văzut stadioane pline de mulțimi de oameni care trăiau o închinare extatică, mass media raportând zi și noapte știri despre semne extraordinare, iar evenimentele sportive majore erau anulate ca să facă loc pentru trezirea care era în desfășurare. O trezire spirituală fără precedent!

În septembrie 1987, Rick Joyner (MorningStar Ministries) a experimentat o radicală viziune panoramică a viitorului. În timpul acestei serii neobișnuite de experiențe spirituale, Rick a văzut o revărsare a Duhului care e destinată să eclipseze fiecare trezire spirituală care a avut loc înainte în istoria umanității. El scrie despre asta în cartea sa *Visions of the Harvest (Viziuni ale secerișului)*:

În toate națiunile, mulțimi mari de oameni se vor întoarce la Domnul. Fluxul de oameni va fi așa de mare încât în anumite locuri creștini foarte tineri vor păstori grupuri mari de credincioși. Arene și stadioane se vor umple peste măsură în fiecare noapte în timp ce credincioșii se vor aduna să îi asculte pe apostoli și învățători.

Întâlniri de mare anvergură care vor mișca orașe întregi vor

avea loc în același timp. Miracole extraordinare vor deveni ceva obișnuit în timp ce minunile care sunt considerate mari astăzi vor fi înfăptuite aproape fără băgare de seamă de către cei deveniți credincioși de curând. Aparițiile angelice vor fi atât de comune pentru sfinți și o glorie vizibilă a Domnului va apărea peste unii pentru perioade mari de timp în timp ce puterea va curge prin ei.

Acest seceriș va fi atât de mare încât nimeni nu va mai privi la biserica primară ca fiind un standard, ci toți vor zice că Domnul și-a păstrat cel mai bun vin pentru final! Biserica primară a fost cel dintâi rod; cu adevărat acesta este secerișul![1]

Această promisiune a unui har profund revărsat peste o generație este reflectată în cuvintele scrise de profetul Isaia. El a privit în viitor cu tânjire profundă și cu așteptare plină de bucurie.

Dumnezeu răsare peste tine, gloria Lui se revarsă peste tine ca razele de soare. Națiunile vor veni la lumina ta, regii vor veni la strălucirea ta arzătoare. Privește în sus! Privește în jur!... Când îi vei vedea venind vei zâmbi - zâmbete largi! Inima ta va fi preaplină, și da, va exploda! (Isaia 60:1-3, MSG)

Acest tsunami de dragoste poate că va începe cu doar câteva ridicări de valuri mici. Însă când va lua avânt și va fi împins de forța harului, valul va fi de neoprit și impactul său va fi global.

Dar (va veni vremea când) pământul va fi UMPLUT de cunoștința slavei Domnului, ca fundul mării de apele care-l acoperă. (Habacuc 2:14, AMP)

TOATE marginile pământului își vor aduce aminte și se vor întoarce la Domnul, și TOATE familiile națiunilor se vor închina înaintea Ta (Psalmi 22:27, KJV)

Iubesc acest cuvânt "TOATE". Este vremea să punem din nou totul înapoi în Evanghelie!

Ceea ce vine e ceva mai mult decât salvarea sufletelor. Este o întreagă reformă a societății lumii, a tehnologiei, a geneticii umane, a economiei, stilului de viață și spiritualității. Chiar și natura și animalele vor fi cuprinse de această schimbare.

Pământul însuși va fi transformat în mod fizic.

Leoparzii se vor întinde împreună cu iezii,

și lupii se vor odihni împreună cu mieii.

Vițeii și leii vor mânca împreună

și vor fi îngrijiți de copii micuți (Isaia 11:6, CEV).

O schimbare la nivel de planetă într-o frecvență mai înaltă, o dimensiune mai înaltă, ce va atinge pe toată lumea.

În ciuda tuturor lucrurilor, a tuturor greșelilor, a tuturor întârzierilor… Dragostea nu va fi înfrântă niciodată!

FIII KAINOS

Vedem modelul inițial și premeditat al vieților noastre păstrat în Fiul. El este Întâiul născut din același pântece care arată geneza noastră. (Rom 8:29, MIR)

Ca să făurim viitorul, trebuie să privim din nou cu o curiozitate de copil la Evanghelia Glorioasă! În conținutul inspirat al scrisorilor lui Pavel se află multe mistere. O înțelepciune ascunsă care trebuie înțeleasă astăzi pentru a putea avansa. Chei mici care deschid uși mari!

În căutarea unui cuvânt care să descrie transformarea miraculoasă pe care Hristos a făcut-o în inima umanității, Pavel a folosit cuvântul grecesc care descrie o ființă - "KAINOS". Un cuvânt pe care am ajuns să îl iubesc.

Prin urmare, dacă cineva este în UNIUNE cu Hristos el este o făptură ("KAINOS") NOUĂ (2 Cor 5:17 TCNT)

"KAINOS" este un cuvânt foarte revelator, un cuvânt care te va ajuta să înțelegi minunea imensă a Evangheliei. Îți va da o imagine spre ce ne îndreptăm ca și planetă și ca și specie.

Ia-ți un moment și analizează ideea aceasta. "KAINOS" nu înseamnă pur și simplu "nou" ca și înlocuire pentru ceva vechi. Aceasta nu este Evanghelia. Hristos nu a venit doar ca să îl înlocuiască pe Adam cu un alt Adam mai nou care avea aceeași natură umană. El nu a fost ca un simplu upgrade făcut la un telefon mobil. Nici vorbă!

Isus nu a venit aici doar ca să creeze un înlocuitor mai nou pentru omul cel vechi căzut. El a venit să distrugă complet, să pună capăt omului vechi și să înceapă o specie complet nouă cu un design "KAINOS". O specie "dincolo de limitele umane" care trăiește în uniune cu Divinitatea și care are o capacitate nelimitată de a crește.

Potrivit Dicționarului Biblic Strong[1], "KAINOS" înseamnă:

un nou fel

fără precedent

noutate deosebită

neobișnuit

nemaiauzit

Ai văzut asta? Fără precedent. Iubesc ideea aceasta. Înseamnă:

"fără să mai fii existat vreodată; nu a mai fost cunoscut sau experimentat înainte; fără exemplu sau fără comparație" (dictionary.com)

Este ceva aproape prea mult pentru a putea fi înțeles. Aceasta este bucuria Evangheliei! Lumea nu a mai văzut ceva ca noi. Nici măcar Adam înainte de cădere nu se poate compara cu ceea ce noi devenim. Da, acesta este un mister! Da, există mult mai multe ce urmează să fie descoperite! Trebuie să îndrăznim și să explorăm!

Haideți să ne uităm la o altă definiție pentru a ne lărgi înțelegerea. Trebuie să îi cerem Duhului Sfânt să deschidă misterul! Dicționarul biblic Vines definește "KAINOS" ca și:

Nou ca și formă sau calitate, ceva de natură diferită pusă în contrast cu ceva vechi. [2]

Știu că acestea sunt doar cuvinte pe o pagină. Oprește-te, ia-ți un moment și încearcă să meditezi la ce înseamnă acest lucru. Există o asemenea bucurie ascunsă aici. Adevăruri profund mistice care așteaptă să fie descoperite.

Implicațiile pentru tot ce am spus sunt imense, cu mult peste mesajul tipic de mântuire de duminică dimineața care îți dă un bilet spre Cer. "KAINOS" înseamnă nemurire și viață veșnică, o metamorfoză deplină.

Ați fost regenerați (născuți din nou), nu dintr-o origine pieritoare (sămânță, spermă), ci dintr-una care este nemuritoare prin Cuvântul lui Dumnezeu veșnic și nepieritor (1 Petru 1:23, AMPC).

"KAINOS" are ca și sămânță ADN-ul lui Dumnezeu. Este în întregime o CREAȚIE NOUĂ, depășind complet și eclipsând ce a existat înainte.

Este o comunitate dincolo de limitările vieții pământești.

În această viață ca și creație nouă naționalitatea ta nu contează, nici etnicitatea ta, educația sau statutul economic - ele nu înseamnă nimic. Hristos este cel care înseamnă totul deoarece El trăiește în fiecare dintre noi!" (Col 3:11, PAS)

Eliberați de definițiile pământești - naționalitate, sex, genetică - acestea nu ne mai pot limita. Nu ne mai putem permite să ne vedem pe noi înșine prin aceste lentile vechi. Așa cum Pavel a spus în 2 Corinteni 5:16:

De acum înainte, nu ne mai gândim la nimeni doar într-un mod omenesc. (KNO)

Nu mai cunoaștem pe nimeni doar ca și om. (WNT)

Nu îi măsurăm pe oameni după ceea ce au sau după cum arată... Acum noi ne uităm înăuntru, și ceea ce vedem este că oricine este unit cu Mesia primește un început nou, este creat nou. (MSG)

Putem să continuăm să lucrăm în același birou. Să bem cafea la aceeași cafenea Starbucks. Să urmărim aceleași filme. Să ne bucurăm de același fel de mâncare curry! Dar noi nu mai suntem la fel. Trebuie să încetăm să pretindem a fi ceva ce nu suntem. Noi suntem cufundați în straturile înflăcărate ale naturii Divine.

Aceeași viață pe care a trăit-o Hristos este acum repetată în noi! Suntem într-un proces de co - descoperire în aceeași bucurie și plăcere; suntem uniți în aceeași natură cu El, la fel cum viața Sa te arată pe tine, tot așa viața ta îl arată pe El! (Col 3:4, MIR)

Ai văzut asta? Uniți în aceeași natură cu El... Iubesc lucrul acesta!

Ne aflăm în aceeași lume ca și Hristos, o lume plină de sfinți care trăiesc veșnic, numeroși îngeri și minuni imposibil de descris. O realitate cu posibilități dincolo de limitările timpului și care are multe planuri dimensionale ale existenței. Umplută cu puteri supranaturale, înțelepciune, cunoaștere și multe altele. O lume în continuă expansiune, dincolo de cele mai extraordinare vise ale noastre.

Dacă cineva este în Hristos... el se află într-o LUME NOUĂ. (BE)

Cum începem să pășim în această lume? Este simplu. Suficient de simplu încât chiar și un copil să poată să priceapă. Prin credință pășim în ea. Credem că Isus este Ușa care ne dă acces liber (Ioan 10:9). Dăruită ca și cadou complet fundamentat pe har. Noi nu putem face nimic ca să o obținem. El este cel care ne face îndreptățiți să o primim.

Din pură generozitate El ne-a pus într-o poziție de dreptate în relație cu El. Sută la sută în dar. Ne-a scos din mizeria în care eram și ne-a așezat din nou acolo unde a intenționat dintotdeauna să fim. Și a făcut acest lucru prin intermediul lui Isus Hristos (Rom 3:21-26, MSG).

Dumnezeu m-a adus la viață împreună cu Hristos. Cum poate orice efort uman să îmbunătățească această realitate? Termenii co-crucificat și co-viu mă definesc acum. Hristos în mine și eu în El! (Gal 2:19-20, MIR)

Umanitatea a fost co-crucificată cu Hristos. Este o acțiune înfăptuită și finalizată. Suntem co-înviați.

Misterioasa rasă a "Omului KAINOS " a sosit.

CO-MISIUNE MISTICĂ

Voi înfăptui miracole sus în ceruri și minuni jos pe Pământ. (Fapte 2:19, CEV)

Începe inima ta să se trezească față de Evanghelie? Sper că da. Sper că începi să îți lărgești inima pentru viața glorioasă pe care El a pregatit-o pentru tine (Ioan 10:10). O viață de bucurie nelimitată și inocență restaurată.

Isus este îmbrățișarea plină de har pe care Dumnezeu o oferă întregii omeniri. Deci aici ne aflăm, stând cu capul sus în imensa bucurie a inocenței noastre restaurate! Noi suntem visul lui Dumnezeu transformat în realitate! (Rom 5:2, MIR).

Vreau să merg și mai departe cu progresul logic din ultimele capitole. Sunt pe deplin încredințat de Evanghelie. Am văzut frânturi din viitor și este glorios.

Cât de repede se apropie! Suntem mai aproape decât ne-am imaginat!

Și faceți lucrul acesta, cunoscând vremurile, pentru că acum este deja timpul să ne trezim din somn; pentru că acum mântuirea noastră este mai aproape decât atunci când am crezut prima oară. Iată, noaptea aproape a trecut, și ziua s-a apropiat. (Rom 13:11-12).

Ești pregătit? Ești gata pentru revoluția spirituală? Patricia King scrie:

Poate că unele lucruri pe care Domnul este pe cale să le facă vor șoca și vor uimi pe multă lume. La fel ca în mișcările revoluționare din trecut, vor fi aceia care vor opune rezistență și își vor împietri inimile, dorind să se agațe de forme și mentalități vechi. Schimbarea este adesea dificilă pentru că ne forțează să regândim

păreri fixe pe care le avem și să fim gata să ne scoatem din zonele de confort ale viețlilor noastre. Cu toate acestea, în ciuda celor care opun rezistență revoluției, vor fi aceia care o vor îmbrățișa, avântându-se și urmându-L pe Isus în teritorii noi și neexplorate încă. Unele lucruri pe care Dumnezeu le va manifesta în aceste zile care urmează nu au mai fost făcute niciodată, fiind lucruri care ne vor împinge la limită imaginația și ne vor provoca intelectual.[1]

Am face bine să ne pregătim să fim întinși la maxim! La fel ca pe vremea poveștilor din Evanghelie, cred că nouă tuturor ne va sta mintea în loc! Doar priviți la ce ziceau oamenii din vremea lui Isus:

> **Astăzi am văzut lucruri minunate**
> **și înfricoșătoare**
> **și incredibile**
> **și de neînchipuit! (Luca 5:26, AMPC)**

Într-acolo ne îndreptăm și noi din nou. Aud încontinuu în Duhul "zile extraordinare". "Faceți ceea ce Eu am făcut și mai mult!" încă strigă Isus. Cerul vrea ca noi să reușim.

Te asigur că omul care crede în Mine va face aceleași lucruri pe care și Eu le-am făcut, da, și el va face chiar și lucruri mai mari decât acestea, pentru că Eu mă duc la Tatăl. Orice Îi cereți Tatălui în Numele Meu, Eu voi face - astfel ca Fiul să aducă glorie Tatălui. Și dacă cereți orice în Numele Meu, Eu Îl voi împlini. (Ioan 14:12, PHI)

Doar gândește-te la asta - să faci ce a făcut Isus și mai mult decât a făcut El.

Am devenit experți în a da învățătură în Biserica. Avem lucrarea profetică, camere de vindecare, consiliere și eliberare. Noi prorocim, avem grijă de săraci, ne implicăm în acțiuni sociale și predicăm mântuirea.

Dar de ce s-a oprit Biserica la aceste lucruri? A trasat cineva o limită invizibilă?

Timp de aproape 2000 de ani Biserica a stat în loc pe țărmurile necredinței. Ascultând nenumărate predici, însă având ca și țintă ceva mult mai jos decât Modelul care ne-a fost oferit.

Schimbarea este aici. Felul cum se manifestă în prezent creștinismul se va transforma în următoarele decenii. Ceea ce urmează nu va mai deveni niciodată irelevant din punct de vedere spiritual.

Ești tu pregătit pentru acest lucru? Rick Joyner spune:

În timp ce ne îndreptăm spre încheierea acestei perioade, conflictul dintre lumină și întuneric va deveni tot mai supranatural. Perioada în care puteai să ai o atitudine neutră față de supranatural s-a încheiat.[2]

În următoarele capitole vom explora unele dintre uimitoarele lucrări Kainos pe care Biserica modernă le-a neglijat. Lărgește-ți capacitatea de a visa. Deschide-ți inima înspre a experimenta. Trezește-ți dorința pentru împlinire maximă în timpul vieții tale.

Pas cu pas vom examina diferite elemente ale realităților ce țin de noua creație. Vom acoperi subiecte precum trecerea dintr-o dimensiune în alta, a trăi dincolo de mâncare și somn, cunoașterea insuflată, capacitatea de a vedea evenimente îndepărtate, umblarea cu îngerii, transportul miraculos și altele.

Nu vom acoperi fiecare posibilitate în acest singur volum. Ar însemna ca această carte să fie una IMENSĂ. Am păstrat totul scurt. Poate voi adăuga mai multe pe listă în edițiile viitoare.

Am căutat ca învățătura oferită în fiecare capitol să fie bazată pe trei fundamente - Isus ca Model suprem, sfinții ca exemple demne de urmat, și apoi povestiri recente din viețile unor oameni integri. Sper ca aceste fundamente să vă dea încredere în autenticitatea a ceea ce am scris.

Fiecare capitol poate fi parcurs ca o meditație de sine stătătoare sau capitolele pot fi citite în serie. Poți să "sari" prin carte după bunul plac.

S-ar putea ca tu să ajungi la finalul acestei cărți având mai multe întrebări decât răspunsuri - dar acest lucru este în regulă. Toate revelațiile autentice ar trebui să fie însoțite și de conștientizarea că există mult mai multe de descoperit. Pur și simplu îmbrățișează frumusețea misterului. Asta e cea mai bună cale.

Nu este o carte perfectă. Sunt sigur că există îmbunătățiri care se pot face în viitoarele ediții. Cu toate acestea, a fost scrisă cu pasiune și din inimă. A fost scrisă din intimitatea mea cu Isus.

Sper să te bucuri de ea.

PARTEA A DOUA: OMUL KAINOS

TRĂIND DIN SION

"Trebuie să făurim viitorul din ceea ce nu putem vedea." Paul Keith Davis[1]

Ai văzut vreodată filmul Matrix? Dacă încă nu l-ai văzut, îți recomand să îl vezi și o să-ți placă! Îl recomand cu convingere. Cred cu tărie că reprezintă o viziune profetică pentru Ecclesia.

Temele sale sunt pline de revelație - de la învingerea sistemului, alterarea lumii fizice și săriturile peste clădiri, până la descărcarea cunoștințelor în mod instant, oprirea gloanțelor și zborul prin cer!

Dar ideea esențială în film - ceva ce îmi doresc ca noi să explorăm acum - este aceea că lumea vizibilă reprezintă doar un strat al realității. Că în spatele acestei lumi văzute se află ascunsă "adevărata lume" care guvernează și modelează lumea noastră. Ceea ce noi am numi Tărâmurile Cerești.

La începutul părții a doua, vreau să examinez adevărul misterios care spune că noi acum trăim conectați cu Cerul. O parte din noi este mereu acolo cu Hristos. În El avem acces liber în lumea nevăzută. Ne putem deconecta de la tărâmul pământesc și să petrecem timp în Sion prin Duhul.

Este șocant! Este greu de înțeles. Dar trebuie să facem această tranziție pentru ceea ce va urma. Într-un fel misterios, noi suntem deja acasă, conectați cu Hristos:

Dacă ați fost înviați cu Hristos, căutați lucrurile de sus, acolo unde se află El, așezat la dreapta lui Dumnezeu. Gândiți-vă la lucrurile de sus, nu la cele de pe pământ. Pentru că voi ați murit și viața voastră este ascunsă cu Hristos în Dumnezeu. (Col 3:1-2)

Pentru a înțelege ce s-a întâmplat, să privim din nou la Hristos, Prototipul nostru.

Cu toții suntem de acord că Isus a venit din Cer. Nu-i așa? Aici începe să fie interesant. În mod ciudat, într-un fel mistic, Isus nu a părăsit complet Cerul. O parte din esența Lui a rămas. Nu te speria, informația asta se află în Biblie! În Ioan 3:12, Isus îi spune lui Nicodim acest secret plin de uimire:

Dacă ți-am vorbit despre lucruri pământești și nu le primești, cum vei crede dacă îți voi spune lucruri cerești? Nimeni nu s-a suit în ceruri decât Cel ce s-a coborât din ceruri, *adică*, Fiul omului care se află în ceruri (Ioan 3:12).

Asta probabil că l-a lăsat mască pe Nicodim! Nu numai că Isus a vorbit despre nașterea din nou, lucru suficient de ciudat, Isus apoi a adăugat că El a venit din Ceruri. Și apoi a explodat tot sistemul lui de gândire zicând că El încă este în Cer în timp ce se afla cu Nicodim. Pun pariu că l-au luat durerile de cap pe Nicodim!

Să citim din nou asta în traducerea amplificată:

Și totuși nimeni nu a urcat vreodată în Ceruri, dar există Unul care a coborât din Ceruri - (Însuși) Fiul Omului, *Care este (care locuiește, care își are casa) în Ceruri.*

Incredibil, nu-i așa?! Isus zicea că El locuia în acel moment ÎN CER. Era casa Lui. El i-a revelat lui Nicodim un mod mai înalt de a trăi. Isus a întărit ideea asta din nou atunci când a zis:

Vorbesc despre ceea ce am văzut la Tatăl Meu (Ioan 8:38).

Unde L-a văzut Isus pe Tata? În Cer, desigur - "Tatăl nostru care ești în Ceruri" (Luca 11:2). Așa a învățat Isus. El se întorcea înspre lumea nevăzută pentru a vedea și pentru a fi învățat.

Nopți întregi au fost dedicate în a fi în Duhul cu Tatăl.

Pentru rasa KAINOS, Cerul este centrul unde noi suntem învățați, reîmprospătați, iluminați și transformați.

Pentru Isus era un lucru NATURAL să treacă dintr-o dimensiune în alta pentru a relaționa cu lumea cerească. El avea acces liber acolo ca și Fiu matur. Uite un simplu exemplu din Ioan 17:1.

El şi-a ridicat ochii spre Cer şi a zis, Tată, a sosit ceasul.

Dacă sapi mai adânc descoperi că expresia "şi-a ridicat ochii" literalmente înseamnă:

Isus a fost "ridicat în înălţime (epairo)" acolo unde "locuieşte Dumnezeu (ouranos)"

El a trecut dintr-o dimensiune în alta pentru a se ruga. El se afla atât pe Pământ cât şi în Cer. Aceasta este ceea ce apostolul Ioan numeşte a fi "în Duhul" (Apocalipsa 1:10) iar prietenul meu Ian Clayton numeşte "a păşi prin văl". Este un lucru normal pentru noi fiii KAINOS să intrăm în Cer:

Să ne apropiem dar cu încredere de tronul harului, pentru a primi milă şi a găsi har în momente de nevoie. (Evrei 4:16)

Moartea nu este cea care deschide această realitate pentru noi. Nu! Isus este cel care ne oferă acces liber acum:

Eu sunt Uşa. Dacă intră cineva prin Mine, va fi mântuit, şi va INTRA şi va IEŞI şi va găsi păşune (Ioan 10:9).

Noi putem să intrăm şi să ieşim înapoi! Acesta este transferul dimensional KAINOS.

În trecut vizitarea Cerului era considerată a fi un eveniment rar, rezervat doar profeţilor. Şi acest lucru se va schimba. De fapt, înălţarea în cealaltă dimensiune va deveni atât de răspândită încât cei din Ecclesia de peste tot din lume vor urca împreună şi se vor vedea unii pe ceilalţi! Este adevărat! Biblia o spune clar:

Mulţi oameni vor veni şi vor zice, "Haidem să urcăm pe muntele Domnului, la casa Dumnezeului lui Iacov; El ne va învăţa căile Sale şi noi vom umbla în căile Lui." Pentru că din Sion se va răspîndi legea, şi cuvântul Domnului din Ierusalim (Isaia 2:3).

Mulţi vor merge în Sionul ceresc ca şi cetăţeni ai casei lui Dumnezeu.

Acum, dar, voi nu mai sunteţi străini şi călători, ci cetăţeni împreună cu sfinţii şi membri ai casei lui Dumnezeu (Efeseni 2:19).

Acesta este Ordinul lui Melhisedec. Un neam ceresc de oameni care se mişcă din lumea nevăzută. Cuvântul de descoperire şlefuitor al Domnului venind din Sion pentru a modela Pământul. Acesta este locul unde noi suntem acum ridicați, orizontul unei noi lumi. Acesta este Modelul lui Hristos.

Și El i-a zis "Adevărat, adevărat îți zic, de acum încolo vei vedea Cerurile deschise și îngerii lui Dumnezeu urcând și coborând peste Fiul Omului." (Ioan 1:51).

Isus reprezintă Cerurile Deschise. În uniunea mistică și noi avem de asemenea acces liber la Cerurile Deschise. La fel ca și Ioan pe insula Patmos, putem să fim în Duhul și să ne întoarcem să ascultăm o Voce, să vedem cele șapte Sfeșnice și să urcăm și mai sus din nou prin Ușa deschisă.

Și m-am întors și am văzut șapte sfeșnice de aur, și în mijlocul celor șapte sfeșnice, pe *CINEVA* care semăna cu Fiul omului, îmbrăcat cu o haină lungă până la picioare și încins la piept cu un brâu de aur (Apocalipsa 1:12-13).

Peste tot unde călătorim ca să vorbim, există un număr în creștere de oameni care au experiențe asemănătoare în locurile cerești. Mulți oameni pot vedea în lumea nevăzută a sfinților și îngerilor. Ei vizitează și participă în Curțile cerești, în Bibliotecile Cerului, Consiliile lui Dumnezeu, Camerele de Război, se plimbă prin Eden și mai multe experiențe de acest fel. Este cu adevărat un semn că se apropie o mare schimbare.

Am văzut în vise și viziuni că centre mistice vor apărea peste tot pe Pământ, conectate împreună în Dumnezeu. Vom vedea mai mult decât oricare altă generație dinaintea noastră că într-adevăr există doar o singură familie unită în Cer și pe Pământ (Efeseni 3:15). Noi suntem Una.

Această convergență va fi mai puternică decât tot ce am văzut vreodată. Impactul ei va împinge lumea înapoi înspre dedicare față de Dumnezeu, cu energie, bucurie și viață!

Pastorul Roland Buck a gustat din această experiență cu decenii în urmă. Roland studia și se ruga în biroul său de la biserică, pregătindu-se pentru serviciul divin de duminică dimineața. Dintr-o dată, la ora 10:30 seara, a fost răpit în Cer![2]

Aveam capul sprijinit pe braț stând la birou, când dintr-o dată, fără niciun avertisment, am fost luat direct din acea cameră! Am auzit

o Voce care mi-a zis "Vino cu mine în Sala Tronului unde secretele universului sunt păstrate!" Nu am avut timp să răspund; spațiul nu înseamnă nimic pentru Dumnezeu! A fost ca o pocnitură din degete - boom - și eram direct acolo!"

Roland a descoperit că Cerul era un loc mult mai relaxat, simplu și fericit decât și-a putut el imagina vreodată. Dumnezeu a vorbit cu el față în față și l-a invitat să pună întrebări. A fost minunat.

În timpul acelei vizite, Dumnezeu mi-a arătat cu adevărat o glorioasă frântură din tainele secrete ale universului; despre materie, energie, natură și spațiu...

Roland a simțit că a stat acolo timp de câteva luni sau chiar mai mult. În mod uimitor, când s-a întors în biroul său de la biserică, doar 5 minute pământești trecuseră!

Dintr-o dată m-am întors în biroul meu, și m-am văzut pe mine însumi cu capul pe biroul meu, unde mă aflasem în rugăciune. Până în acel moment, am crezut că am fost în Sala Tronului în propriul meu corp, dar de fapt nu a fost așa! Domnul are un simț al umorului minunat și în Ceruri este foarte mult râs și voie bună. Puteam să îmi văd ceafa și am remarcat, "Doamne, chiar nu am știut că ceafa mea a devenit atât de palidă!"

Iubesc povestea aceasta. În timpul de care ar fi nevoie să pregătim o cafea, Roland Buck s-a aflat în Cer timp de luni întregi și i-a fost transmisă cunoaștere despre evenimente viitoare, revelații despre mistere, și a avut peste 2000 de versete inserate în memoria sa. Asta e genul de pauză de cafea pe care eu mi-aș dori să o am!

Dumnezeu mi-a dat revelație deosebită cu privire la peste 2000 de versete din Biblie. Instant am știut pe de rost aceste versete împreună cu referința lor biblică. Nu am cum să explic cum s-a făcut acest lucru! Nu am nevoie să mi le amintesc - este ca și cum le pot vedea ori de câte ori îmi doresc.

Crede-mă, schimbarea radicală este pe drum spre noi. Oameni de peste tot din lume vor avea experiențe similare cu cea a lui Roland Buck. Va duce la dărâmarea sistemului actual și va rupe lanțurile religiei.

O rasă "KAINOS" este pe cale să se manifeste, care va trăi prin oxigenul atmosferei Cerului. Nu numai că aceștia vor trăi în Duhul, dar în cele din urmă parte din ei vor rămâne în Cer pentru totdeauna.

Rick Joyner spune:

Există o ușă care stă deschisă în Cer și o invitație care ne cheamă să trecem prin ea. Cei care răspund acestei invitații vor fi răpiți în Duhul, cu rezultatul că vor putea să Îl vadă în fiecare moment pe Cel care stă pe tron. Acesta este scopul final al întregii revelații profetice - să îl vezi pe glorificatul, Înviatul Hristos și autoritatea pe care acum El o are peste tot.[3]

Cineva despre care eu cred că deja atinge acest lucru este Nancy Coen, o misionară puternică în lumea Islamului. Am întrebat-o cândva cât de des a mers ea în Cer. A zâmbit și mi-a zis:

Dragule, adevărul este că eu sunt totdeauna în Cer.

Ochii i-au strălucit și am știut că este adevărat. Ea strălucește cu gloria de acolo. Nancy a petrecut literalmente ore întregi fiind învățată de Isus, sfinți și îngeri în Cer.

Regretatul Bob Jones este un alt mistic modern care a șters granițele dintre Cer și Pământ. Bob obișnuia să glumească despre unii oameni care așteaptă să fie răpiți la a doua venire, în timp ce el era răpit la Cer de 5 ori pe zi! Pentru Bob acest lucru era normal. El era prietenul lui Dumnezeu, și prietenii, prin natura relației lor, se întâlnesc des!

Tată, vreau ca aceia pe care mi-i i-ai dat Tu să fie cu Mine acolo unde sunt și Eu, ca să vadă slava Mea, slavă pe care Tu mi-ai dat-o mie, pentru că M-ai iubit cu mult înainte ca lumea să existe. (Ioan 17:24, MES)

Dorința arzătoare a lui Isus imploră să fie împlinită! Nu atunci când vom muri, ci în timp ce suntem în viață!

Deși mai sunt atâtea lucruri pe care le-aș putea spune, spațiul este limitat. Vreau să închei acest capitol cu încă o poveste din viețile sfinților. Poate că tu ai auzit deja despre acest grup? Ei erau numiți "Sfeșnicul de Aur". Profetul James Maloney a fost martor la ceea ce se întâmpla în timpul momentelor de rugăciune cerești pe care le aveau:

De îndată ce toată lumea începea să cânte în limbi, puterea lui Dumnezeu cădea peste noi ca o ceață densă și grea. Era copleșitor.

Puteam să-i aud pe oameni, dar nu îi puteam vedea. Le-a luat o bună bucată de timp ochilor mei să se obișnuiască suficient cu ceața pentru a o putea vedea pe persoana care era chiar lângă mine.

Tavanul era acoperit de un nor mov care se mișca circular - câteodată se vedeau pene zburând în interiorul mișcării circulare a norului. Din nor, se putea auzi deseori râsetul audibil al unor copii entuziasmați. Cu adevărat era un cer deschis, un portal spiritual ca și scara lui Iacov. Adesea cei 24 de Bătrâni se alăturau închinării.

Și pur și simplu un du-te vino constant de prezențe angelice... Erau lumini de foc (singurul cuvânt pe care îl pot folosi ca să le descriu) care erau îngerii în cădere din norul de sus spre podeaua de jos. Atunci când luminile de foc loveau podeaua, se puteau vedea picioarele îngerilor apărând din flăcări.[4]

Acest grup a șters granița dintre dimensiuni timp de peste 50 de ani, călătorind fizic în Cer, întorcându-se cu sandale și haine croite cu bijuterii și fir de aur. Ei au demonstrat ceea ce va urma la nivel global pe Pământ.

Pare prea minunat pentru a putea fi adevărat? Aceasta este Evanghelia!

Rick Joyner spune:

Aceasta nu este o fantezie. Adevăratul creștinism reprezintă cea mai mare aventură pe care oricine ar putea-o avea pe acest Pământ. Adevărata viață de biserică, așa cum a fost ea intenționată să fie, este o continuă experiență supranaturală. Este viață dintr-o altă dimensiune dincolo de acest Pământ, care aduce adevărata viață pe Pământ.[5]

Invitația ne-a fost făcută, să pășim pe urmele lui Enoh, Ilie, Ioan și ceilalți sfinți. Cum putem începe? Am descoperit că este simplu - prin CREDINȚĂ putem intra în aceste lucruri. Pur și simplu crede! Prin credință, Enoh a fost luat de pe Pământ!

Prin credință, Enoh a fost luat de pe Pământ și transferat în Cer (Evrei 11:5, AMPC).

Credința înseamnă să credem că Dumnezeu ne-a ascuns în Cer în

Hristos (Coloseni 3:3). Că Dumnezeu vrea ca noi să experimentăm vizitarea Cerului. Ușa este permanent deschisă. Suntem invitați să ne alăturăm vieții din Sion. Noi suntem curați, sfinți și acceptați în Preaiubitul. Din această poziție a neprihănirii noi trecem prin văl.

Credința înseamnă să pășești pe prima treaptă chiar dacă nu vezi toată scara.[6]

Prietenul meu Ian Clayton învață o metodă foarte simplă de a activa pășirea prin văl. Ian spune să faci un pas înainte cu corpul tău fizic în teritoriul Cerului, mișcă-ți corpul și crede că tu de fapt chiar pășești înainte și înapoi din Sion. Imaginează-ți că de fiecare dată când faci asta tu traversezi dimensiuni. Relaționează cu Cerul prin credință.

Prin practică, simțurile tale spirituale vor fi activate. Vei începe să ai noi experiențe. Aceasta este legea onorării și a dedicării. Este felul în care Enoh și-a început călătoria spre Cer, printr-o credință ca de copil. În cele din urmă, Dumnezeu l-a luat pe Enoh acolo pentru totdeauna. Enoh trăiește acum pentru eternitate într-o stare mărită de glorie. Nu ai vrea și tu acest lucru?!

Fă o încercare astăzi.

Fă pur și simplu acel pas mic.

Tu aparții Sionului!

COMUNITATEA ANGELICĂ

Tu ai venit la mii de îngeri adunați împreună în bucurie (Evrei 12:22, EXB)

În ultimul capitol am vorbit despre ce înseamnă să "trăiești din Sion". Sper că ți-a plăcut!

Iubesc să scriu despre Cer și să mă gândesc la el. Avem o Evanghelie atât de dulce! O Evanghelie care zice că suntem incluși și inocenți. Suntem acceptați și iubiți. Noi suntem Acasă!

Dar acum, wow! Totul s-a schimbat; v-ați descoperit ca fiind așezați în Hristos. Ceea ce cândva părea atât de departe este acum atât de aproape; sângele Său dezvăluie inocența voastră restaurată și adevărata voastră origine (Efeseni 2:13, MIR).

Lăudatul plin de bucurie în lucrarea terminată a lui Hristos continuă în acest capitol.

O să vorbesc despre sfinții îngeri - comunitatea noastră extinsă în noua creație. O familie frumoasă și misterioasă care ne înconjoară și este activ implicată în tot ceea ce facem.

Aceasta este comunitatea noastră "KAINOS" ascunsă. O comunitate sfântă care ne iubește foarte mult și are în vedere cel mai mare bine al nostru. O familie care ne susține și ne încurajează fără încetare.

Sună bine, nu-i așa?!

Atunci haideți să începem din nou cu Evanghelia, să ne întoarcem iar la "Mesajul Fericit".

Așa cum am mai spus, repetând cuvintele lui Pavel, Evanghelia ne scoate din condiția noastră umană și ne plasează într-o lume complet nouă, eternă - o realitate "dincolo de limitele umane".

Dacă este cineva în Hristos...el este într-o lume nouă (BE).

Religia transmite ideea de întârziere şi distanţă, dar Pavel zice că Evanghelia este ACUM! Noul a şi început deja. Noi suntem curaţi, transformaţi şi pregătiţi pentru viitor astăzi. Moartea nu este cea care ne califică. Isus a împlinit deja tot ceea ce era necesar la cruce. El a rupt complet vălul. Noi avem acum acces liber la lumile nevăzute ale Împărăţiei. Aceasta este Evanghelia!

Astăzi este ziua mântuirii! Cerul este la fel de aproape precum propria ta mână.

Pentru că într-adevăr, Împărăţia cerurilor este în voi (Luca 17:21).

Nu ar trebui să fim surprinşi de acest lucru! Cerul este acasă în noi.

Tot ceea ce noi trebuie să facem este să ne deschidem inimile înspre prezenţa Lui şi dimensiunile nevăzute din jurul nostru se vor deschide şi ele. Noi devenim conştienţi de tărâmuri mai înalte şi de fiinţele cereşti. În Hristos noi devenim conştienţi de îngeri!

Noi realizăm puţin câte puţin că aceste fiinţe cereşti sunt intim conectate cu noi şi au afecţiune faţă de noi. De fapt, descoperim că ele se află peste tot, doar că noi nu am văzut acest lucru până acum.

El va da îngerilor Săi misiune (specială) în ceea ce te priveşte, să te însoţească şi să te apere şi să te susţină în toate căile tale (de ascultare şi slujire) (Psalmii 91:11, AMPC)

Ei veghează asupra fiecăruia dintre noi şi le pasă de vieţile noastre şi de cât de bine ne merge. Ei ne urmează peste tot şi ne apără de rău. Ne ajută în mod secret şi ajută la călăuzirea paşilor noştri. Nu este asta uimitor? Iubesc asta! Noi suntem înconjuraţi!

Aici începe să fie palpitant. În timpul generaţiilor dinaintea noastră, noi nu am fost în general conştienţi de prezenţa îngerilor, chiar şi atunci când ei se aflau chiar în faţa noastră. Biblia spune că oamenii au luat chiar şi cina cu îngeri şi nu au ştiut acest lucru:

Să nu daţi uitării primirea de oaspeţi, căci unii, prin ea, au găzduit fără să ştie pe îngeri. (Evrei 13:2)

Veşti bune! Ignoranţa este pe cale de dispariţie. Noi ne trezim şi suntem activați în cardiognoză (cunoașterea inimii). Noi nu vom mai recunoaște îngeri prin percepția umană. Vălul subțire al iluziei dintre noi și ei dispare în timp ce noi ne maturizăm ca și fii.

Potrivit profetului Bobby Connor, membrana spirituală invizibilă se află în proces de subțiere:

În timp ce slujeam recent, am văzut în fața mea ceva ce părea a fi o membrană foarte subțire. Am întrebat "Doamne, ce este asta?" și Domnul a răspuns "Este vălul dintre tărâmul pământesc și tărâmul spiritual - și este mai subțire ca niciodată!"[1]

Sfinții de demult știau cum să vadă îngeri. Dar un mare har vine peste noi ca să se poată din nou trăi așa cum ei trăiau. Nu pentru că noi merităm asta, ci din cauza planului lui Dumnezeu și a dragostei Lui pentru pământ. Pentru că a venit de mult timp momentul să ne trezim din somn (Romani 13:11).

Asta poate suna ciudat pentru unii creștini moderni, deoarece am fost hrăniți cu mult negativism și cu multă frică în ceea ce privește abordarea îngerilor. Cu toate acestea, vreau să vă amintiți că scopul nostru este să fim conform Scripturii și să-L urmăm pe Isus. Din nou, în timp ce mergem mai adânc, haideți să privim la Modelul nostru original.

Și El (Isus) a stat în pustie (deșert) patruzeci de zile, timp în care a fost ispitit de Satan; Și acolo stătea împreună cu fiarele sălbatice și Îi slujeau îngerii (în mod continuu) (Marcu 1:13, AMPC).

Acest verset zice că îngerii Îl ajutau pe Isus tot timpul. Hristos s-a smerit, chiar dacă El era Dumnezeu, și i-a acceptat. El le-a primit ajutorul. Dacă Cel Etern onorează și prețuiește îngerii, atunci și noi ar trebui să Îi urmăm exemplul. Ar trebui să ne așteptăm la slujirea îngerilor în viețile noastre.

Din nou, acest lucru ne scoate din zona de confort, dar Isus este chiar și mai radical când vine vorba de acest subiect. În următorul verset, Isus își descrie viața ca și un punct de acces prin care îngerii pot relaționa cu tărâmul pământesc. Ascultă cu atenție următoarele cuvinte mistice adresate de către Isus lui Natanael:

Atunci El i-a zis, "Da, într-adevăr! Îți zic că vei vedea cerurile deschise și îngerii lui Dumnezeu urcând și coborând asupra Fiului

Omului! (Ioan 1:51, CJB)

Acesta este un verset radical care sparge tiparele! Isus, adevărata noastră Imagine, era un punct central al îngerilor! Totul în jurul Său fremăta cu activitate îngerească la fel ca și scara lui Iacov din Geneza 28:12. Uluitor!

Îți poți imagina îngeri invizibili roind în jurul Lui în timp ce El îi vindeca pe cei bolnavi? În timp ce înfăptuia minuni și liniștea furtuna. Mi-ar fi plăcut enorm să pot vedea asta!

Trebuie să gândim diferit despre îngeri. Pentru prea mult timp i-am ignorat. Totuși ei sunt intrinsec conectați cu povestea noastră. Ei fac parte din comunitatea noastră.

Cât de importanți sunt ei? Doar să luăm în considerare o altă poveste înduioșătoare din viața lui Isus. În Grădina Ghetsimani, în momentul care era probabil cel mai întunecat al vieții Sale pe pământ, o ființă specială i-a venit în ajutor:

Apoi S-a retras cam la *o distanță de* o aruncătură de băț, s-a pus pe genunchi și s-a rugat, „Tată, îndepărtează de la Mine paharul acesta. Dar Te rog, nu ce vreau Eu. Ce vrei Tu?" De îndată I s-a arătat un înger din cer, ca să-L întărească. El s-a rugat înainte cu și mai multă ardoare. Sudoarea stoarsă de pe El ca niște picături de sânge, i se prelingea de pe față. (Luca 22:41-44, MSG).

Atunci când ucenicii nu au mai fost alături de Isus, îngerii au fost. Atunci când prietenii Săi dormeau, îngerul era treaz și gata să Îl ajute. Acest pasaj are un impact puternic asupra mea.

Te-ai simțit vreodată singur? Cred că fiecare dintre noi s-a simțit.

Uneori când eram în suferință și izolat, îngeri au vizitat casa noastră. Ei m-au înconjurat, chiar atingându-mi corpul, umplându-mă cu energie.

De trei ori am fost trezit de un înger care îmi sufla în față! I-am auzit râzând, cântând și chiar vorbind. I-am văzut strălucind în cameră, mișcându-se ca și sfere de lumină, stând ca niște stâlpi de nori. Ei sunt cu adevărat minunați!

Aceasta nu este o învățătură nouă. Sfinții din vechime erau foarte familiarizați cu îngerii. Mulți dintre ei își cunoșteau îngerii păzitori pe nume. Unii dintre ei, ca și Iosif de Cupertino, deschideau ușa pentru îngerul lor şi aşteptau ca acesta să treacă. Părintele Pio petrecea ore întregi în discuţii cu îngerul său. Gemma Galgani primea ajutor angelic pentru a reuşi să se pregătească de culcare atunci când era slăbită.

Alţii ca şi Columba aveau întâlniri strategice de sfătuire cu oaste de îngeri pentru a discuta probleme de guvernare care ţineau de Irlanda şi Marea Britanie. Unul dintre călugării lui Columba a înregistrat acest eveniment:

Greu de descris - uite! A fost dintr-o dată o apariţie uluitoare, pe care omul o putea vedea cu proprii săi ochi trupeşti din locul său de pe acel deal din apropiere...

Pentru că îngeri sfinţi, cetăţeni ai regatului ceresc, zburau în jos cu o viteză uimitoare, îmbrăcaţi în robe albe, şi au început să se strângă în jurul omului sfânt în timp ce el se ruga. După ce au discutat puţin cu Sf. Columba, mulţimea cerească - ca şi cum puteau să simtă că sunt spionaţi - s-au întors repede în înălţimea cerului.[2]

Cărţile istorice sunt pline din belşug cu poveşti asemănătoare. Cum de ne-am uitat trecutul atât de uşor? Cum a reuşit religia să se strecoare şi să fure puterea Evangheliei?

Este timpul ca creştinismul să îşi amintească că îngerii sunt esenţiali. Avem probabil nevoie de ei mai mult decât oricare altă generaţie înaintea noastră. Ne aflăm într-o criză globală. Avem nevoie de ajutoarele Cerului!

Randy Clark este unul din acei misionari ai zilelor noastre care înţelege valoarea îngerilor. Recent Randy a venit în oraşul nostru Cardiff ca să predice. L-am auzit vorbind în mod direct despre importanţa îngerilor în miracole şi în seceriş. Ceea ce el a spus a fost revelator!

Vreau să vă sugerez că în ziua Cincizecimii noi am obţinut mai mult decât botezul cu Duh Sfânt. Am primit mai mult decât o nouă relaţie cu Duhul Sfânt. Noi am intrat de asemenea într-o nouă dispensaţie, un nou legământ cu revărsarea îngerilor lui Dumnezeu. Cred că reprezintă în mod practic o nouă relaţie cu îngerii lui Dumnezeu şi oamenii lui Dumnezeu şi cu Duhul Sfânt care a fost deschisă prin cruce.[3]

Tind să fiu de acord cu Randy. Cartea Faptelor Apostolilor arată o interacţiune dinamică cu îngerii în timpul bisericii primare. Una din poveștile mele favorite este cea în care Petru evadează din închisoare.

Petru dormea între doi ostași, legat de mâini cu două lanțuri, și niște păzitori păzeau temnița la ușă. Și iată, un înger al Domnului a stat lângă el pe neașteptate și o lumină a strălucit în temniță. Îngerul a deșteptat pe Petru, lovindu-l în coastă, și i-a zis: „Scoală-te, iute!" Lanțurile i-au căzut jos de pe mâini. Apoi, îngerul i-a zis: „Încinge-te și leagă-ți încălțămintea." Și el a făcut așa. Îngerul i-a mai zis: „Îmbracă-te în haină și vino după mine."

Petru a ieșit afară și a mers după el, fără să știe dacă ce făcea îngerul este adevărat. I se părea că are o vedenie. După ce au trecut de straja întâi și a doua, au ajuns la poarta de fier, care dă în cetate, și ea li s-a deschis singură; au ieșit și au trecut într-o uliță. Îndată, îngerul a plecat de lângă el.

Ce s-a întâmplat în continuare este destul de ciudat și adesea este trecut cu vederea. Petru a reușit să ajungă înapoi la casa sigură a bisericii. A bătut la poartă:

(Slujnica) a cunoscut glasul lui Petru și, de bucurie, în loc să deschidă, a alergat înăuntru să dea de veste că Petru stă înaintea porții. „Ești nebună!", i-au zis ei. Dar ea stăruia și spunea că el este. Ei, dimpotrivă, ziceau: „Este îngerul LUI." Petru însă bătea mereu. Au deschis și au rămas încremeniți când l-au văzut. (Fapte 12:6-16 VDC)

Iubesc asta! Erau mai uimiți de faptul că era însuși Petru decât de posibilitatea că ar fi fost îngerul lui!

Potrivit lui John Paul Jackson, acest lucru indică faptul că îngerii erau în mod frecvent prezenți:

În zilele de început acest fel de întâmplare trebuie să fii fost destul de obișnuită. Putem trage următoarea concluzie, pentru că atunci când Petru a fost eliberat din închisoare și slujitoarea a mers să deschidă ușa...exista o mai mare posibilitate ca un înger să apară decât ca el să iasă din închisoare.

Știi că ceea ce s-a întâmplat pentru ei era un lucru obișnuit din felul în care au reacționat. Cum au reacționat? Imaginează-ți că stai la o masă de seară. Mănânci. Cineva deschide ușa și îți spune că este îngerul lui Petru. Ce o să faci? O să continui să mănânci? Eu nu! Eu

m-aş ridica şi m-aş duce să mă uit la înger. Ei nu au reacţionat aşa. Ei au continuat să mănânce. Asta îţi transmite ideea că apariţiile angelice erau destul de comune.

Astăzi ele încă nu sunt atât de comune. Dar am acest sentiment că vor deveni mult mai comune.[4]

Nu este acesta un lucru uimitor? Asta ar trebui să ne provoace astăzi. Când a fost ultima oară când am gândit aşa? Când a fost ultima dată un lucru normal ca fiinţe îngereşti să ne viziteze întâlnirile într-o formă vizibilă?

Asta se va schimba! Duhul a demistificat în mod progresiv lucrarea angelică în generaţia noastră, pregătind inimile noastre pentru un nivel mai înalt de întâlnire. Noi stăm în punctul de maximă tensiune, un moment de profundă schimbare, traversând linia de unde nu mai există întoarcere şi păşind spre ceea ce ne-a fost destinat.

Există semnale din trecut pentru ceea ce urmează. O astfel de mărturie este ceea ce i s-a întâmplat pastorului american Roland Buck în anii '60. El avea întâlniri regulate faţă în faţă cu Gabriel şi alţi îngeri.

Aceasta este una din primele sale întâlniri:

Imediat după ce am mers la culcare, am observat o strălucire albăstruie venind dinspre scări. Am ştiut că este prea scăzută să fie lumina pentru scări, aşa că m-am gândit la posibilitatea că lăsasem aprinsă o lumină într-una din camerele de jos. M-am ridicat din pat şi am început să cobor ca să sting lumina. Eram la jumătatea scărilor când lumina s-a aprins mai tare dintr-o dată!

Stând în faţa mea erau doi din cei mai mari bărbaţi pe care îi văzusem în viaţa mea! Eram şocat! Nu eram chiar speriat, dar exista aşa o radiaţie de putere divină care vine din faptul că ei stau în strălucirea prezenţei lui Dumnezeu, încât nu puteam sta ridicat! Genunchii mi s-au izbit unul de celălalt şi am început să cad! Una din aceste fiinţe uriaşe a întins mâna, m-a prins, şi puterea mi s-a întors!

Foarte simplu el mi-a spus că este îngerul Gabriel! Am încremenit! Putea acesta să fie acelaşi înger Gabriel despre care am citit în Biblie? Impactul primelor vizite era mult mai scăzut ca şi acum, pentru că acum stătea aici în faţa mea, la fel de vizibil ca şi orice

om pământesc, şi se prezenta pe sine însuşi ca fiind îngerul Gabriel! Este imposibil să-mi descriu sentimentele de mirare şi teamă! Apoi el mi-a făcut cunoştinţă cu cel de-al doilea înger al cărui nume era Chroni! Chroni? Acesta e un nume ciudat. Nu auzisem niciodată de aşa ceva!... Niciodată nu mă gândisem că toţi îngerii au nume, şi, aşa cum s-a dovedit, că toţi aveau înfăţişări distincte! L-am întrebat pe Gabriel, "De ce sunteţi voi doi aici?" El a spus doar că Duhul Sfânt i-a trimis, şi apoi Gabriel a început imediat să îmi împărtăşească câteva adevăruri frumoase.[5]

Roland Buck a petrecut ceasuri vorbind cu Gabriel. Ei au fost mult mai relaxaţi şi mai fericiţi decât îţi poţi imagina. S-au jucat chiar şi cu câinele!

Avem atât de multe lucruri de învăţat despre îngeri. Nu ai vrea să ştii mai mult? Am putea învăţa aşa de multe de la ei.

Am văzut în viziuni profetice că în timpul vieţilor noastre vom ajunge să putem vorbi faţă în faţă cu îngerii exact ca şi Roland Buck. Vor fi inclusiv întâlniri ale Ecclesiei în care cu toţii îi vom vedea. Acesta va fi de fapt noul model pentru mesele rotunde apostolice. Vom fi în Cer pe Pământ. Stând în Consiliul lui Dumnezeu. Chiar văzându-i pe Isus şi pe sfinţi. Exact ca şi Enoh. Sună ca fiind ceva foarte îndepărtat, dar nu este! Este pur şi simplu o generaţie care se întoarce la design-ul original, umblând cu Dumnezeu faţă în faţă.

Sunt aşa de multe lucruri pe care le-aş mai putea spune despre scumpii îngeri. Poate că într-o zi voi scrie o carte despre ei. Să împărtăşesc nişte poveşti ieşite din comun. Asta ar fi distractiv!

Poate că citeşti aceste rânduri acum, eşti flămând şi nu ştii de unde să începi. Şi eu sunt abia la început. Nu eşti singur. O să-ţi spun cum funcţionează pentru mine. Poate că te va ajuta.

Am început prin a-I spune lui Dumnezeu, "Îi preţuiesc pe îngeri. Vreau să umblu cu îngerii. Lasă-i să vină Doamne!" Apoi i-am onorat pe oamenii care au făcut deja acest lucru. Oameni ca şi Gary Oates care a scris cartea inspiraţională *Open My Eyes Lord (Deschide-mi ochii Doamne)*.[6] I-aş spune lui Dumnezeu "Îl onorez pe Gary Oates. Îmi doresc ce a avut el. Vreau asta!" Am păstrat o atitudine de dragoste, preţuire şi onoare. Acest fel de abordare atrage cerul. Tu eşti puternic. Dumnezeu te lasă să alegi. Eu am ales să umblu cu îngeri, apoi am cerut permisiunea Cerului să am experiențe cu ei. Nu voi uita niciodată prima zi când au venit ca și grup. Dar asta e o altă poveste!

În următorul capitol vom continua să mergem mai departe cu discuția despre această transdimensională comunitate KAINOS prin a vorbi despre un alt grup interesant de prieteni noi pe care îi ai în Hristos - "Norul de Martori" (sfinții din Cer).

Nu ești singur!

NORUL DE MARTORI

Suntem înconjurați de un mare „nor" format din acești martori ai credinței (Evrei 12:1, BVA)

Fiecare călătorie începe cu un mic pas. Nu te grăbi. Este important să te bucuri de călătorie. Bucură-te de procesul de creștere în a fi conștient de statutul tău de fiu. Este cu adevărat minunat!

Fără frică și plini de credință, haideți să ne continuăm aventura. Vreau să-ți vorbesc despre sfinții din Cer, cunoscuți și cu denumirea de "Norul de Martori".

Dacă ești ca și mine și ai fost crescut în mediul evanghelic, poate că ai crezut că sfinții sunt tot timpul în vacanță, închinându-se sau bucurându-se de conacuri și de parcuri în Cer!

Acest lucru este parțial adevărat! Ei se bucură de un timp extraordinar. Așa cum C.S. Lewis a spus în mod corect:

Bucuria este treaba cea mai serioasă a Cerului![1]

Cerul este un loc plin de bucurie! Dumnezeu șade în Cer și râde (Psalmul 2:4). Îngerii organizează petreceri (Luca 15:10). Cu toții se adună într-o mare adunare de sărbătoare (Evrei 12:22). E destul de palpitant!

Cu toate acestea, sunt destui în Cer care au într-adevăr responsabilități. Unii dintre ei chiar stau așezați pe tronuri. Ei conduc acum împreună cu Hristos.

Celui care va obține victoria, îi voi oferi un loc împreună cu Mine pe tronul Meu, exact cum am stat și Eu împreună cu Tatăl Meu pe tronul Lui, după ce am fost victorios. (Apocalipsa 3:21, BVA)

Rick Joyner, de la Morningstar Ministries, a fost luat la Cer și a văzut asta în mod direct. În cartea sa deschizătoare de drumuri *The final Quest (Căutarea finală)*, Rick scrie:

În timp ce mă apropiam de scaunul de judecată al lui Hristos, cei de cel mai înalt rang stăteau de asemenea pe tronuri care făceau toate parte din tronul Său. Chiar și cel mai mic din aceste tronuri era mai glorios de mii de ori decât orice tron omenesc. Unii din aceștia conduceau peste treburile cerești și alții peste treburile creației fizice, ca și sisteme solare și galaxii.[2]

Isus Însuși este Modelul pentru acest lucru, chiar și acum în Cer. El ne arată cum ar trebui să trăim ca și fii maturi.

Isus Hristos, Martorul credincios, Cel Întâi Născut dintre cei morți, Căpetenia împăraților pământului! (Apocalipsa 1:5, EDCR)

Isus este cel mai important Martor. El a sfârșit alergarea. El a dus la îndeplinire munca Tatălui și stă așezat pentru totdeauna în Ordinul etern al lui Melhisedec (Evrei 7:17).

Acum, dă-mi voie să-ți adresez o întrebare. Vreau să te gândești la asta, pentru că este important. Este Isus acum într-o stare în care doar se bucură de Cer și nu face nimic altceva decât să sărbătorească?

Răspunsul evident este Nu! Scriptura spune că El mijlocește (Evrei 7:25), conduce (1 Corinteni 15:25), oferă revelație (Apocalipsa 1:11), pregătește (Ioan 14:2), călăuzește (Coloseni 1:18) și stă împotriva dușmanului (Apocalipsa 12:10). El este viu și foarte activ!

Dacă așa este în cazul lui Isus, și El este Modelul nostru, de ce oare atunci Biserica pare să creadă că sfinții care au biruit doar se joacă jocuri și fac picnicuri în Cer? Este ciudat! Avem această idee ciudată că Cerul reprezintă un club de pensionare epic.

Am descoperit că opusul e adevărat. Credincioșii sfinți sunt pe deplin implicați în conducerea Cerului, ducând la îndeplinire faptele scrise în "Cărțile Destinului" (Psalmul 139:16). Ei sunt Ecclesia în Cer, lucrând împreună cu Ecclesia de pe Pământ, împreună ca o singură familie.

... Îmi plec genunchii înaintea Tatălui Domnului nostru Isus Hristos, din care își trage numele orice familie în ceruri și pe pământ (Efeseni 3:14)

În vederea planului arătat la împlinirea vremurilor, ca să unească în Hristos toate lucrurile: cele din ceruri ȘI cele de pe pământ - În El (Efeseni 1:10).

Ei nu s-au retras, ci sunt doar mutați într-o altă dimensiune cu un alt fel de corp, lucrând îndeaproape cu noi, în continuare complet vii și implicați cu tot ce se întâmplă în cosmos. În uniune cu Dumnezeu, ei se apropie de noi și ne înconjoară, și chiar acum ne încurajează în umblarea noastră.

Evrei 12:1 zice:

> **o mare mulțime de martori este peste tot în jurul nostru! (CEV)**
> **mulțime uriașă de oameni ai credinței ne urmăresc (TLB)**
> **stăm înconjurați (VOI)**
> **stau într-un cerc în jurul nostru (RHM)**
> **pe fiecare parte (TCNT)**
> **o vastă mulțime de spectatori (WMS)**

Ideea conținută în acest verset este că ei se află foarte aproape. Noi suntem în atmosfera lor. La fel de aproape ca și mâna ta când îți acoperă fața. Toată distanța a fost anulată la cruce. Noi suntem Una!

Autorul american Roberts Liardon i-a văzut pe martori când era mic copil. El a fost luat din dormitorul său de către Isus și dus în Cer. Roberts a scris despre acest lucru într-o carte numită *We saw Heaven (Noi am văzut Cerul)*. El a zis:

Am trecut pe lângă ceva pe care nici măcar nu mă așteptam să-l văd în ceruri, și mi s-a părut atunci cel mai amuzant lucru pe care l-am văzut. Totuși, când l-am luat în considerare mai târziu, mi-am dat seama că a fost una dintre cele mai impresionante și încurajatoare imagini din umblarea mea creștină cu Dumnezeu... am văzut marele nor de martori.

Ei sunt conștienți de ceea ce biserica face din punct de vedere spiritual. Atunci când eu predic de exemplu, ei mă încurajează, strigând, "fă asta... fă cealaltă... haide!" Atunci când e momentul pentru "pauza dintre reprize", fiecare din ei se pune pe genunchi și începe să se roage. Pauza reprezintă momentul pentru rugăciune. Apoi ei se ridică și încep să strige iar încurajări. Este ca și cum noi

ne aflăm într-un joc foarte important, unul care este serios și de-adevăratelea - nu un joc doar de distracție! Și avem niște fani care ne susțin. Ei ne țin spatele 100% spunând "Haide! Hai după ei! Asta e, du-te!"

Dacă am înțelege clar Scriptura în ceea ce privește existența unei familii unite în cer și pe pământ, noi am auzi în duhurile noastre ceea ce familia noastră din Cer ne zice. Dacă am putea auzi acel "nor de martori", am putea avea succes în fiecare domeniu din viețile noastre.[3]

Aceasta este ceea ce Isus vrea ca noi să vedem chiar acum. Poate că trăim perioade întunecate dar suntem înconjurați de aliați. În această eră KAINOS membrana subțire și iluzorie dintre noi și ei se dizolvă.

Din nou, viața lui Isus de pe pământ ne mărturisește cum ar trebui să arate această relație dinamică. Pe munte, Ilie și Moise, doi dintre marii eroi, au apărut ca să Îl încurajeze.

Dintr-o dată acolo pe vârful muntelui erau Moise și Ilie, *aceste imagini ale credinței, preaiubiți ai lui Dumnezeu*. Și ei au vorbit cu Isus (Mat 17:3, VOI)

Traducerea The Message spune "Ei erau într-o conversație adâncă". Iubesc asta!

Nu vrei și tu asta? I-am întâlnit pe sfinți de multe ori. Fiecare întâlnire mi-a schimbat viața.

Am descoperit că ei sunt conectați cu noi la un nivel pe care noi încă nu îl înțelegem. Adevărul este că noi avem nevoie de întreaga Biserică să lucreze împreună ca un singur trup mistic. Noi nu putem finaliza această misiune cosmică de unii singuri. **Toți aceștia au primit o bună mărturie pentru credința lor, însă n-au primit ceea ce a fost promis, fiindcă Dumnezeu a ales dinainte ceva mai bun pentru noi, ca să nu fie ei făcuți desăvârșiți fără noi (Evrei 11:39-40).**

Doar împreună vom reuși să vedem Pământul transformat. Tot acest plan este ideea lui Dumnezeu.

Eu sunt convins că aparițiile sfinților se vor înmulți. Există aluzii cu privire la ce va urma în Matei 27:50-53. Este o poveste uimitoare care este aproape greu de crezut!

Isus a strigat din nou cu mare intensitate în voce; și apoi a murit. Imediat, perdeaua din interiorul templului s-a rupt pe la mijloc de sus până jos. Pământul a produs un cutremur, stâncile s-au despicat, mormintele s-au deschis și mulți sfinți au înviat în corpurile pe care le avuseseră inițial. Ei au ieșit din morminte; și după învierea Lui, au intrat în oraș, prezentându-se în fața multora. (BVA)

Ai citit asta? Sfinții au intrat în orașul sfânt! Ei chiar s-au plimbat prin oraș având trupuri noi. Nu e asta ceva uimitor? Într-atât de uniți am devenit la cruce. Aceasta este puterea Vieții dezvăluită în Evanghelie - "Vestea cea Bună".

Așa cum cântărețul britanic Godfrey Birtill spune:

În urmă cu 2000 de ani, noi am sângerat într-unul, orice distanță a fost anulată în Hristos și separarea este o iluzie, o minciună.[4]

Iubesc următoarea definiție a Bisericii, asupra căreia cad de acord și catolicii și evanghelicii:

Biserica sunt oamenii lui Dumnezeu, trupul și mireasa lui Hristos și templul Duhului Sfânt. Una, biserica universală, este o familie transnațională, transculturală, trans denominațională și multi-etnică, casa credinței. În sensul cel mai larg, Biserica îi include pe toți cei răscumpărați din toate veacurile, fiind singurul trup al lui Hristos care se întinde în timp și spațiu.[5]

Începând de la cruce, sfinții au continuat de-a lungul veacurilor să apară în fața multor creștini atât în cadrul unor vizite în Cer cât și în timpul unor apariții pe Pământ. De fapt, Faptele apostolilor relatează o întâmplare cu adevărat amuzantă despre apariția a doi bărbați ("bărbați în alb" - mereu un indiciu în Scriptură!). Fii atent aici:

După ce El (Isus) a spus aceste lucruri, a început să se înalțe în fața privirilor lor până ce norii L-au ascuns din fața lor. În timp ce se luptau să întrezărească o ultimă imagine cu El înălțându-se spre Cer, apostolii Domnului au realizat că doi bărbați în haine albe stăteau în fața lor. *Cei doi bărbați au spus: Voi galileenilor, de ce stați privind cerul? Acest Isus care a urcat spre cer dintre voi, va reveni exact cum L-ați văzut plecând.* (Fapte 1:9-11, VOI)

Foarte comic! Această poveste mi se pare foarte amuzantă! Doi sfinți au primit o misiune pe Pământ (ceea ce Bill Johnson numește "învoire pentru celălalt țărm") ca să îi întrebe pe apostoli de ce privesc în sus?! Nu era evident?! Isus tocmai i-a lăsat mască levitând și dispărând. Am ajuns să înțeleg că ideea de comedie a fost de fapt ideea lui Dumnezeu! Trebuie să ai un simț al jocului și al bucuriei ca sa fii în preajma Lui. El este Dumnezeul încântător de bucuros (1 Tim 1:11).

După perioada din Faptele Apostolilor, sfinții cerești au continuat să apară pe Pământ de-a lungul veacurilor. Cărțile istoriei sunt pline din abundență de povești cu momentele în care ei au apărut ca să învețe, să ofere mângâiere și uneori chiar și ajutor. Ei adesea apar atunci când cineva este pe moarte. Ei vin ca să le onoreze viața și să îi însoțească în drumul lor spre Cer. Aș putea alege așa de multe povești, însă deoarece spațiul este limitat o să vă împărtășesc una din favoritele mele.

Este luată din viața lui Iosif din Copertino.[6] Iosif se ruga în biserica pe timp de noapte și o ființă demonică a venit în încăpere pentru a încerca să-l intimideze prin stingerea lumânărilor. Fii atent ce se întâmplă în continuare!

Spiritele infernale (demonice) l-au tratat pe Iosif ca pe dușmanul lor. Într-o noapte slujitorul lui Dumnezeu stătea în fața altarului Sf Francis, în Basilica din Assisi, când a auzit că se deschide violent ușa și a văzut un bărbat intrând, care a avansat înspre el atât de zgomotos încât părea că picioarele îi sunt făcute din fier. Sfântul l-a privit cu atenție și a văzut că pe măsură ce se apropia, lămpile se stingeau, una câte una, până când într-un final toate au fost stinse și intrusul a stat lângă el într-un întuneric complet.

Imaginează-ți asta! Te afli în întuneric cu această ființă malefică stând chiar în fața ta. Foarte înfricoșător!

Apoi diavolul, pentru că el era, l-a atacat furios pe Iosif, l-a aruncat pe podea și a încercat să-l sugrume. Iosif însă l-a chemat (invocat) pe sfântul Francis și l-a văzut ieșind din mormântul său și reaprinzând cu o mică lumânare toate lămpile, la lumina cărora diavolul a dispărut subit. Din cauza acestei întâmplări Iosif i-a dat sfântului Francis numele de "Lampagiul Bisericii".

Nu este asta uimitor! Eu o cred. Sf Francis a spus cândva:

Tot întunericul din lume nu poate stinge lumina unei singure lumânări.[7]

El avea dreptate și a văzut asta împlinindu-se chiar și după moartea sa. Lumânarea încă ardea.

Dacă tu poți vedea viitorul, poți face parte din el. Sfinții au putut vedea zilele noastre prin credință. "Norul de martori" trăiesc împreună cu noi în inimile lor, iubindu-ne ca niște bunici. Având permisiunea să ne încurajeze în timp ce Duhul ne conduce, ei sunt în mod intim conectați cu viețile noastre, fără să fie complet separați de noi. (Evrei 11:39-40) Ei își doresc ca noi să avem biruință împreună cu ei.

Ai vrea să experimentezi mai mult din această comunitate în propria ta viață? Sunt sigur că o vei face. Nu ar trebui să ne simțim niciodată singuri.

Paul Keith Davis (White Dove Ministries) a găsit legătura dintre a-i onora pe sfinți și manifestarea:

Sunt convins că cei despre care vorbești sunt chemați să vină. Dacă vorbești despre îngeri ei vin. Dacă vorbești despre campionii în credință ei vin. Dacă vorbești despre lucrurile pe care ei le-au făcut și despre mantiile pe care le-au cărat și dacă te lupți ca ele să se manifeste în această generație atunci ceea ce tu spui va apărea în cameră. Noi suntem urmăriți! Tu ești urmărit.[8]

Exact așa s-a întâmplat pentru mine - am citit cărți despre viețile sfinților, contemplând și meditând cum Domnul s-a manifestat prin ei, rugându-mă și abordând Cerul prin credință. Am descoperit în cele din urmă că Domnul îmi face cunoștință cu dragii Lui prieteni.

Una din cele mai recente experiențe a fost în septembrie 2015. Destul de neașteptat, franțuzoaica mistică Madam Guyon a venit în Duhul la noi acasă. Ea a îngenuncheat cu smerenie înaintea mea, rugându-se în tăcere. Prezența lui Dumnezeu a umplut cu repeziciune toată casa. Soția mea Rachel a venit de la etaj să vadă ce se întâmplă. A fost un moment prețios, de completă transformare a vieții.

Nu vrei să ai și tu parte de acest fel de experiențe? Atunci trăiește cu o inimă deschisă.

Există ceva în a avea o postură de onoare și dorință înaintea Lui care atrage substanța Cerului. Este chiar așa de simplu. Viața curge prin onoare.

Adevărul este că tu nu ești singur. Nu vei fi niciodată singur.

Toate iluziile de distanță au fost complet anulate în Isus. Noi suntem Una.

TELEPATICI PRIN DESIGN

**Isus le cunoștea gândurile
(Matei 12:25).**

În următoarele două capitole vom continua să construim pe lumea noastră KAINOS uitându-ne la o nouă modalitate de a comunica în Duhul. O abilitate prețioasă care se activează și mai mult în timp ce ne maturizăm în Hristos. Mass-media numește această abilitate "telepatie". Oamenii de știință o numesc uneori "radio mental".

Nu te speria! Știu cât de provocator și de controversat poate să sune asta. Rămâi alături de mine. Nu numai că vei fi asigurat că este în întregime ceva biblic ci de asemenea vei vedea că este ceva ce Isus făcea în fiecare zi.

De asemenea tu vei fi entuziasmat la posibilitățile ce te așteaptă ca și ființă KAINOS. La fel ca și Isus, și tu ești destinat să devii tot mai telepatic. Este ceva NATURAL în ordinea vieții în ceea privește noua creație. Reprezintă viitorul.

Dictionary.com definește telepatia ca și -

Comunicarea de gânduri, emoții, dorințe, etc., dintre oameni care implică mecanisme ce nu pot fi înțelese prin legile științifice cunoscute în prezent.

Cuvântul "tele" pur și simplu înseamnă "la distanță" (ca și în cuvântul tele-viziune). În timp ce "pathy" înseamnă percepție sau empatie. Teologii catolici au un cuvânt pentru asta. Ei o numesc cardiognoză care înseamnă "cunoaștere de la inimă la inimă". Nu este asta frumos?

În 1930 un om numit Upton Sinclair a scris o carte faimoasă despre asta numită *Radio Mental*. El a propus ideea că telepatia este un fenomen științific. Upton și-a bazat cartea pe multe experimente interesante făcute împreună cu soția sa și prietenii apropiați. Albert Einstein a sprijinit această carte neobișnuită de pionierat și a spus că ideea este demnă de a fi explorată:

(Radio mental) merită cea mai onestă atenție, nu numai din partea publicului obișnuit, ci și din partea celor care sunt de profesie psihologi.[1]

În ciuda faptului că nu înțelegeau pe deplin ce se întâmpla în telepatie, atât Sinclair cât și Einstein credeau că există ceva acolo care se întâmpla în ascuns. Ceva ce știința nu înțelege… încă!

În 1924, un alt om de știință, Hans Berger, a fost și el martorul telepatiei în acțiune. A avut un accident periculos de călărie și aproape a murit. Cumva sora lui a simțit când s-a întâmplat.

Hans Berger, germanul care a înregistrat prima electroencefalogramă (EEG) ÎN 1924… a căzut în timp ce călărea un cal și aproape a fost călcat de o echipă de cai care alergau într-o întrecere la câțiva centimetri de capul său. Sora sa, aflată la mulți kilometri depărtare, a simțit pericolul și a insistat ca tatăl ei să trimită o telegramă ca să afle ce s-a întâmplat. Ea nu mai trimisese niciodată înainte o telegramă, iar experiența l-a lăsat pe Berger atât de curios încât el și-a schimbat domeniul de studiu din matematică și astronomie în medicină în speranța că va descoperi care este sursa acelei energii psihice.[2]

Ție ți s-a întâmplat vreodată așa ceva? Ai știut că ceva e în neregulă cu un prieten. Nu știi cum. Pur și simplu ai știut.

Cu ani în urmă, îmi amintesc că am avut o puternică impresie că trebuie să o telefonez pe prietena mea Mary. Ceva cu siguranță se întâmpla! Am sunat-o imediat. S-a dovedit că în ziua respectivă trecuse printr-o situație foarte urâtă la locul de muncă. Ea locuia singură și momentul apelului telefonic s-a dovedit a fi unul perfect.

E ciudat, dar noi toți facem acest lucru. Ne gândim la un prieten, și dintr-o dată acel prieten ne scrie pe Facebook sau ne sună. Cum se întâmplă acest lucru? Începem să fredonăm un cântec și o altă persoană ne zice "tocmai mă gândeam la acest cântec!" Întâlnim o persoană pentru prima oară și simțim că ceva nu este în regulă cu ea. Cum ai știut în astfel de situații că persoana respectivă nu este de încredere?

Sau ai observat cum doi oameni adesea au aceeași idee în același timp? Cât de des se întâmplă ca două filme noi sau două tehnologii care tocmai apar pe piață să fie aproape identice? De fapt acest fel de întâmplări sunt atât de comune încât oamenii de știință au un nume pentru acest fenomen, ei îl numesc "efectul multiplu":

Există un fenomen fascinant în știință cunoscut sub numele de "efectul multiplu". Efectul multiplu este atunci când mai mulți oameni care sunt izolați unii de ceilalți din punct de vedere geografic realizează aceeași descoperire în exact același moment. Oameni care nu au absolut nicio comunicare unii cu ceilalți fac exact aceleași descoperiri și invenții în același timp, adesea fără să realizeze că ideea lor a fost recent prezentată publicului de către altcineva care lucra la aceeași problemă.[3]

Dovezile care arată că oamenii se pot conecta în afara paradigmei științifice din prezent sunt în creștere. În 2014, oamenii de știință au anunțat că au reușit cu succes să trimită un mesaj mental.

Oamenii de știință au trimis un "mesaj mental" de la o persoană la alta care se aflau la 4000 mile distanță una de cealaltă în cadrul unui experiment descris ca fiind primul experiment științific de succes din lume din domeniul telepatiei. Au legat o persoană din Mumbai, India, la o cască wireless conectată la internet și au legat o altă persoană din Paris la un dispozitiv asemănător. Atunci când prima persoană abia s-a gândit la un salut de genul "ciao" care înseamnă "bună" în italiană, persoana din Franța era conștientă că acest gând i-a apărut celeilalte persoane.[4]

Am inclus partea științifică ca să te pun pe gânduri legat de acest subiect.

Întrebarea mai importantă pentru noi este, ce spune Biblia? Era Isus telepatic? Putem să o vedem în Scriptură? Răspunsul simplu este "Da"! Absolut! Se regăsește peste tot în Biblie. Era NORMAL pentru Hristos să audă gândurile interioare ascunse. Uită-te la următoarele versete cu ochi inocenți de creație nouă. Este incredibil!

Dar El, cunoscându-le gândurile, le-a spus (Luca 11:17-18).

Isus, cunoscându-le gândurile, a spus,

"De ce vă gândiţi la rău în inimile voastre?" (Mat 9:3-5)

Dar Isus le ştia gândurile, şi le-a zis (Mat 12:25).

Isus mergea direct în miezul problemei reale care se regăsea în interiorul inimii. Lua la ţintă motivele secrete ale sufletului. El adesea răspundea nu cuvintelor rostite ci celor mai ascunse şi mai adânci tânjiri din inimile lor, El răspundea adevăratelor lor întrebări. În Cer, inima vorbeşte mai tare decât limba.

Isus ştia ce se află în inimile lor (Ioan 2:24, DAR).

Eu cunosc gândurile şi sentimentele tuturor (Apoc 2:23, CEV).

Eu scanez intens fiecare motiv (Apoc 2:23, MSG).

Aceasta este una din preferatele mele:

Dar Isus nu Se încredea în ei. El îi cunoştea pe toate laturile, ştia cât sunt de nedemni de încredere. El nu avea nevoie de ajutor ca să îi citească (Ioan 2:24, MSG).

El vedea direct în ei! Oh cât avem nevoie de asta astăzi!

Isus a venit ca şi Lumină şi Adevăr. El funcţiona liber de iluziile exterioare. Nimeni nu putea să Îl păcălească cu înfăţişarea lui drăguţă, cu titluri sau cuvinte alese. El nu intra în jocurile minţii umane şi nu făcea schimb de minciuni. Facebook sau Twitter nu L-ar fi impresionat!

Căci Domnul cercetează toate inimile şi toate minţile, şi înţelege fiecare intenţie şi înclinaţie a gândurilor (1 Cronici 28:9, AMP) …. căci aşa cum gândeşte el în inima sa, aşa şi este el (Prov 23:7)

Totuşi, în toate aceste lucruri, Dumnezeu vedea prin filtrul dragostei. El vedea comorile ascunse. Îi scotea pe oameni afară din iluzii şi din închisorile minţilor lor, trezindu-i la realitate pe cei pierduţi. Aducându-i înapoi în lumea reală.

Isus nu a folosit telepatia ca să condamne umanitatea. El a venit ca să ne arate că Dumnezeu este pentru noi. El a venit ca să aducă dreptate pentru cei în nevoi şi libertate pentru cei captivi.

El (Isus) nu va judeca după înfăţişare, nici nu va hotărî după cele auzite, ci va judeca pe cei săraci cu dreptate şi va hotărî cu

nepărtinire asupra nenorociților țării (Isaia 11:3, VDC).

Cardiognoza sau telepatia nu este despre condamnare sau despre a-i trata rău pe oameni. Este pur și simplu despre a trăi dintr-o perspectivă mai înaltă. Este bucuria de a cunoaște și de a fi cunoscut. A fi vulnerabili și onești unul cu celălalt. A umbla în Lumină într-o adevărată comunitate.

Poți să ți-L imaginezi pe Isus fără această abilitate? Eu nu pot. Atunci de ce te imaginezi pe tine fără ea?

Exact aceeași viață din Hristos este acum repetată în noi. Noi suntem co-descoperiți în aceeași fericire; suntem puși împreună cu El pentru a fi una; la fel precum viața Sa te dezvăluie (te arată) pe tine, tot așa viața ta îl dezvăluie pe El! (Col 3:4, MIR)

Pentru că El este Oglinda ta!

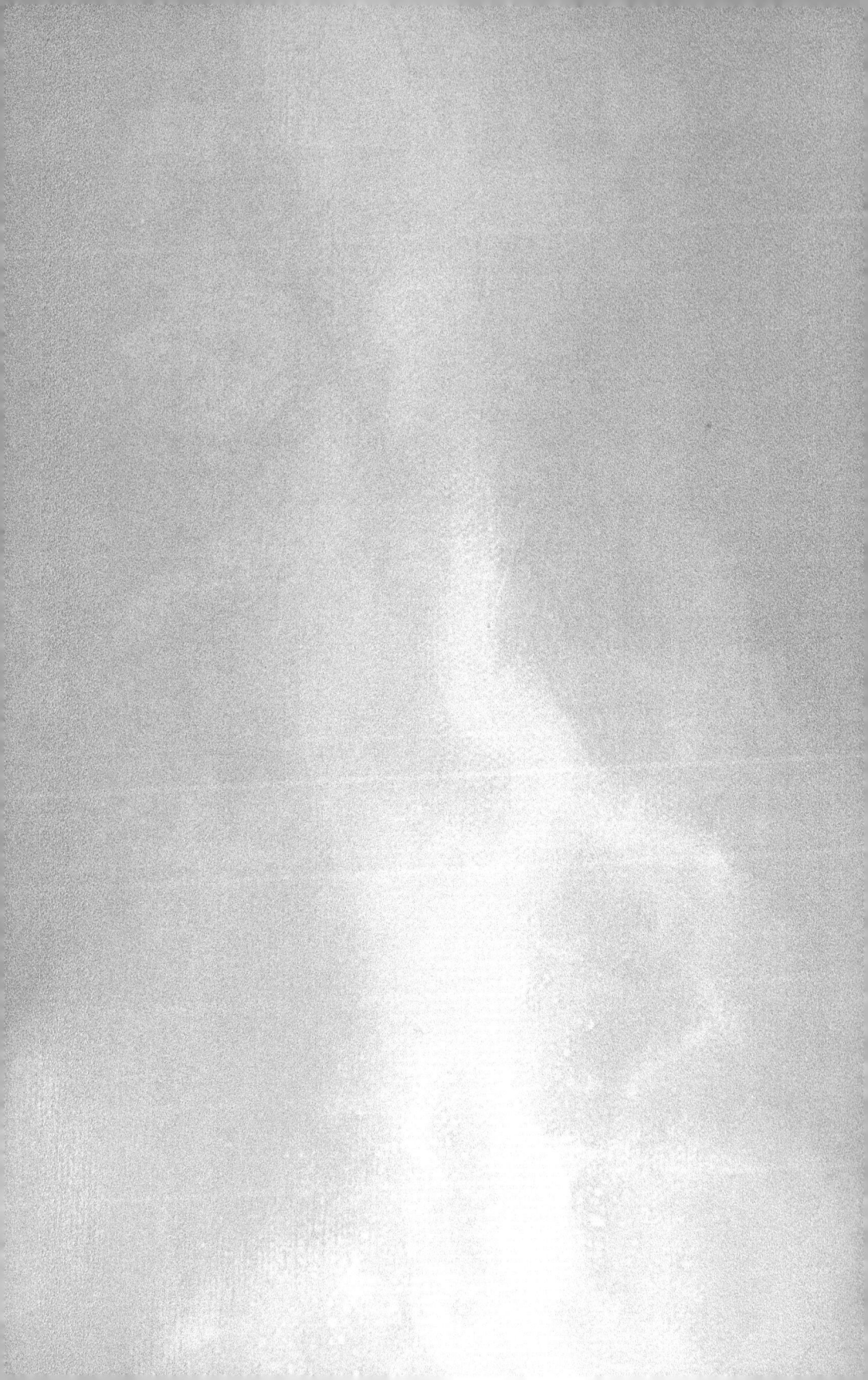

CENTRE TELEPATICE: UN SINGUR TRUP

Fiecare dintre noi este unit cu celălalt, și împreună devenim ceea ce nu putem fi singuri (Rom 12:5, VOI)

Ai rămas încă alături de mine? Ai supraviețuit cuvântului TELEPATIE din ultimul capitol și ești încă flămând să cunoști mai multe? Asta e minunat! Există atât de multe altele de cunoscut!

Asta va continua până când noi vom fi uniți prin credința noastră și prin înțelegerea Fiului lui Dumnezeu. Atunci noi vom fi maturi, la fel cum este Hristos, și noi vom fi complet ca și El (Efeseni 4:13, CEV)

Ne dorim să fim pe deplin formați în Hristos, maturizați, plini de viață și complet revelați!

În acest capitol vom continua să mergem mai departe cu subiectul din ultimul capitol prin relatarea unor povești din viețile sfinților și prin discutarea despre felul cum telepatia funcționează în viețile noastre din prezent. Apoi vreau să îți arăt că este posibil ca întregi comunități să funcționeze în acest mod. De fapt e pe cale să se întâmple!

Să nu fii ofensat de ideea aceasta. Este pur și simplu modul în care noi am fost creați. Este modul în care noi trebuia să fim dintotdeauna înainte de cădere. Cartea etiopiană a lui Enoh[1] spune faptul că oamenii nu ar fi trebuit să se bazeze pe cărți ca să transmită cunoașterea. Cărțile nu au nevoie de intimitate. Poți citi biografia cuiva fără să întâlnești vreodată persoana respectivă. În planul original, noi eram destinați să trăim veșnic și să împărțim cunoaștere prin contact direct. Adam era menit să fie o carte vie, complet deschis, plin de lumină, împărtășind cunoaștere cu generație după generație prin cardiognoză.

Asta urmează să se întâmple din nou. Este viitorul nostru. Vedem întrezăriri de astfel de experiențe în viețile din trecut ale sfinților. În această următoare poveste remarcabilă, mistica franțuzoaică Jeanne Guyon a descoperit că putea comunica de la inimă la inimă, în timpul unei perioade de îmbolnăvire gravă.

În timpul acestei îmbolnăviri extraordinare, Domnul mi-a dezvăluit în mod progresiv un alt mod de a comunica între suflete - în tăcere profundă. De fiecare dată când Părintele La Combe intra în cameră, vorbeam cu el doar în tăcere. Inimile noastre vorbeau una cu alta, comunicând prin har fără cuvinte. Era ca și cum am fi călătorit într-o țară nouă, și pentru el și pentru mine, dar era în mod evident atât de divin, încât nu o pot descrie. Am petrecut multe ore în această tăcere, întotdeauna comunicativi, fără să rostim un cuvânt... Am fost capabilă mai târziu să comunic în acest fel și cu alte suflete, dar era o comunicare într-o singură direcție. Le-am oferit har fără să primesc nimic în schimb. Cu Părintele La Combe aveam o comunicare a harului în ambele sensuri. ²

Cât de frumos! Aceasta este adevărata unitate, Uniunea, așa cum trebuia să fie. Nu îți dorești și tu asta?!

Sf Gerard Majella este un alt Sfânt care citea inimile oamenilor și știa exact ce li se întâmplă. Următoarea poveste este una amuzantă despre momentul când a prins un cerșetor care se prefăcea că era handicapat!

(El) detesta practica unor oameni care pretindeau a fi invalizi ca să trăiască pe seama milei altora. Odată Sfântul l-a văzut pe un om mergând cu dificultate pe cârjele sale, cu un picior bandajat în cârpe vechi, cerșind milă... Gerard s-a apropiat de om, i-a smuls bandajul și i-a poruncit omului să oprească farsa de dragul sufletului său. "Văzându-și farsa descoperită, pretinsul olog a fugit pe ambele picioare, uitându-și până și cârjele în urmă." ³

Această abilitate se dovedea în mod particular folositoare în momentele de spovedanie. Ha!

(Sfântul Philip Neri) avea de asemenea darul de a citi suflete și inimi. Acest dar era exercitat în mod frecvent în confesional când un păcat era uitat sau când un penitent păstra pentru sine un păcat grav din pricina rușinii. Odată, când un tânăr și-a găsit cu greu cuvintele pentru a descrie un anumit păcat, Sfântului i-a fost milă de el și a descris el însuși exact cum avusese loc păcatul. ⁴

Avem nevoie de așa ceva astăzi. Nu ești și tu obosit de a fi păcălit de oameni falși, fie ei politicieni, celebrități sau predicatori de pe Youtube? În contextul folosirii internetului avem nevoie de discernământ în fiecare zi!

Adevărul este că nu îmi pot imagina cum ar fi să trăiesc fără asta acum. Am descoperit că cardiognoza este esențială atunci când am călătorit în jurul lumii. Chiar nu este opțională dacă ne dorim să ucenicizăm națiuni.

Îmi amintesc de prima oară când eu și soția mea am auzit împreună gândurile cuiva. Ne aflam pe plajă în Țara Galilor ridicând un cort care să ne protejeze de soare. Acolo se afla o femeie care stătea mai departe în spatele nostru. Împreună, eu și soția mea, am auzit această femeie gândind "Nu îi vreau așezați acolo, din cauza lor nu mai pot vedea marea." Ne-am întors unul spre celălalt și am spus "Ai auzit asta?!" Ni s-a părut amuzant că Dumnezeu ne dădea voie să auzim acel lucru... și desigur că ne-am mutat cortul mai departe în sus pe plajă!

Pun așa de mult preț pe această abilitate. Nu pot funcționa fără ea. Adesea atunci când călătoresc, pot vedea cât de multă autoritate spirituală se află asupra unui lider. Pot să-mi dau seama dacă o persoană are probleme și uneori care sunt aceste probleme. Pot să le percep cartea destinului și dacă se află în aliniere cu ce este trecut în aceasta. Adesea pot simți dacă mint.

Cândva în cadrul unei școli despre Duhul Sfânt, un tânăr a vorbit cu mine despre puritate. Din păcate, el nu era onest cu mine. În gândurile sale am putut vedea că se culcase cu o fată în săptămâna respectivă. De asemenea avea și alte probleme legate de droguri. Am zâmbit și l-am îmbrățișat. Nu l-am descoperit. Pur și simplu am înțeles cu ce se confrunta. Avea nevoie de Tăticul. Avea nevoie de dragoste.

Am descoperit că telepatia este mult mai puternică în stări mai adânci de uniune. Atunci când sunt copleșit de prezență, câteodată într-o singură secundă pot vedea cum sunt oamenii cu adevărat. Este ca și cum îi cunosc de o viață. Nu se întâmplă acest lucru tot timpul, dar îmi place mult când se întâmplă.

Am experimentat de asemenea cardiognoza la o scară mai largă. În timpul închinării ce avea loc la o conferință cu o audiență mai mare, pieptul mi s-a umplut cu o prezență caldă și dulce ca mierea. Inima mea era preaplină cu dragostea lui Dumnezeu. Am simțit gândurile și emoțiile tuturor celor din încăpere ca o mare presiune care apăsa asupra mea. A fost neobișnuit.

Atunci când mintea mea este în completă nemișcare și complet absorbită în Domnul, pot să aud ocazional întrebările oamenilor înainte ca aceștia să le rostească. Mult mai des se întâmplă cu prieteni foarte apropiați. Atunci când păstrezi pe cineva în inimă pare mai ușor să te conectezi cu persoana respectivă. Câteodată uit să îi las să termine de vorbit înainte de a răspunde. Asta ne-a făcut să râdem de câteva ori!

Nu te speria de aceste lucruri. Fii deschis. Așa cum ți-am arătat în capitolul precedent, este profund biblic. Haide să ne uităm la un alt exemplu din Fapte.

Petru i-a zis: „Anania, pentru ce ți-a umplut Satana inima ca să minți pe Duhul Sfânt și să ascunzi o parte din prețul moșioarei? ... Cum de v-ați înțeles între voi să ispitiți pe Duhul Domnului?" (Fapte 5:3-9)

Petru a văzut dincolo de cuvintele lor. Incredibil! Cunoaștem restul poveștii. Au murit subit. Poți să îți imaginezi așa ceva? Șocant, nu-i așa?

Totuși imaginează-ți cum ar fi fost dacă Petru nu ar fi văzut. Întreaga biserică s-ar fi făcut părtașă la înșelăciune și batjocură. Ar fi devenit parte din platforma lui Satan de lăcomie și mândrie, s-ar fi pus de acord cu corupția.

Trebuie să ne întoarcem la acest nivel de perspicacitate. Nu mai putem să tratăm cu superficialitate acest subiect vital. Nu mai putem fi mișcați de ceea ce se vede. Pavel știa că exteriorul nu este realitatea. Interiorul este cel care contează.

Noi nu cunoaștem pe nimeni într-un mod pur omenesc (2 Cor 5:16, HCSB)

Dintr-o perspectivă omenească (dintr-un punct de vedere uman) (LEB).

Trebuie să vedem dincolo de piele și dincolo de zvonuri pozitive sau negative, la fel ca și Dumnezeu:

Domnul nu Se uită la ce se uită omul; omul se uită la ceea ce

izbeşte ochii, dar Domnul Se uită la inimă. (1 Sam 16:7)

Acesta este exact modul în care lucrurile funcționează în prezent în Cer. În acea dimensiune mai înaltă nevăzută, gândurile noastre se aud mai tare decât cuvintele. Noi comunicăm culori, frecvențe și sunete.

I-am văzut pe sfinți TRANSFIGURAȚI în Consiliul lui Dumnezeu. Vorbind unii cu ceilalți în raze strălucitoare de culori vii de mare viteză, la fel ca și niște fibre optice spirituale. Curenți fermecători roz, portocalii, albaștri și galbeni curgeau de la spirit la spirit prin aer. Cu toții interacționând împreună ca o minte vie ce seamănă cu un stup de albine. Vorbind mai rapid decât puteam eu să înțeleg. Este captivant. O imensă frumusețe.

Putem vedea o formă mai redusă de acest fel de comunicare directă în Biblie. Pavel a văzut un om din Macedonia într-o viziune. El i-a vorbit lui Pavel în dimensiunea telepatică a comunicării.

Noaptea, Pavel a avut o vedenie: un om din Macedonia stătea în picioare și i-a făcut următoarea rugăminte: „Treci în Macedonia și ajută-ne!" (Fapte 16:9).

Unii numesc acest lucru "invazie în vis". Era ceva comun în viețile sfinților din istorie. Ian Clayton numește asta în mod amuzant "sms spiritual". El face asta des!

Ducând viziunea asupra comunității la un alt nivel, Pavel, misticul radical, a intuit că este posibil ca și noi pe Pământ să fim sincronizați ca și o comunitate ce este în același timp și centru spiritual. La fel ca și în cadrul vizitelor mele în Cer:

Faceți-mi bucuria deplină și fiți în același gând, având aceeași dragoste, fiind uniți în suflet și având un singur scop! (Filipeni 2:2, NTR)

Sau spus și mai simplu … **Fiți într-o SINGURĂ MINTE (2 Corint 13:11).**

Aceasta este tehnologie spirituală de tip KAINOS. Noi suntem un centru de comunicare viu care transcende matricea timp-spațiu. Fiecare definiție a distanței a fost anulată în Hristos. Noi suntem mistic interconectați împreună în dragoste, în comuniunea unui singur Trup.

Am descoperit că, cu cât ne bucurăm de o uniune mai adâncă și cu cât interacționăm mai mult cu Prezența lui Dumnezeu, cu atât mai adânc va opera această abilitate în noi. Cu cât sunt mai îmbrăcat în Esența Divină, cu atât mai naturală devine această nouă lume extatică. De unul singur nu pot face nimic. În această unitate atingem perfecțiunea.

Lipsa de conexiune reprezintă pur și simplu o falsă percepție a minților noastre. Realitatea este Uniunea.

Noi suntem mulți oameni, dar în Hristos noi toți suntem un singur trup. Noi suntem părțile acelui trup, și fiecare parte îi aparține tuturor celorlalte părți. (Rom 12:5, ERV)

Fiecare dintre noi este unit cu celălalt, și împreună devenim ceea ce nu am putut fi de unii singuri. (Rom 12:5, VOI)

"Împreună devenim ceea ce nu am putut fi de unii singuri" iubesc asta. Viitorul va fi definit de Uniune.

VEDERE LA DISTANȚĂ

Drept răspuns, Isus i-a zis: „Adevărat, adevărat îți spun: dacă un om nu se naște din nou, nu poate să vadă..." (Ioan 3:3)

Înainte de Hristos, umanitatea era puternic limitată la nivelul de lume materială. Noi eram legați de timp și spațiu. Blocați între limitele corpurilor noastre naturale. Orbi din punct de vedere spiritual. Căzuți.

În noua creație, toate aceste lucruri s-au schimbat. Rodul nașterii din nou este capacitatea de a vedea. Credința ne deschide ochii.

Noi privim tot timpul nu la lucrurile vizibile ci la cele invizibile. Lucrurile vizibile sunt trecătoare: lucrurile invizibile sunt cele cu adevărat permanente (2 Corint 4:8, PHI)

Apostolul Pavel credea ca este un lucru natural să poată vedea. El își încuraja ucenicii să se uite la ceea ce este invizibil, întotdeauna să-și ațintească privirea asupra lucrurilor de Sus. Pavel era un mistic!

Priviți în sus și fiți alerți cu privire la ce se întâmplă în jurul lui Hristos - acolo se întâmplă toată acțiunea (Col 3:1, MSG)

Acesta este un alt mister al Evangheliei. Este modelat pentru noi de către Ioan Preaiubitul. El era în Duhul în ziua Domnului. El a auzit un glas și "s-a întors să vadă" (vezi Apoc 1). Atunci când noi suntem în Duhul ne putem "întoarce să vedem" după voia Sa. Am descoperit că El tânjește să ne arate lumea Sa. El vrea ca noi să vedem.

Guvernele lumii sunt conștiente că oamenii (chiar și în starea lor căzută) posedă o oarecare abilitate de a prevedea evenimente viitoare. La fel ca și telepatia, această abilitate este dincolo de capacitatea de înțelegere științifică din prezent. Cu toate acestea ei știu că ceva se întâmplă. Ei numesc această abilitate "vedere la distanță".

Vederea la distanță (RV - remote viewing în engleză) este practica de a căuta să percepi impresii despre o țintă nevăzută sau aflată la distanță folosind modalități subiective, în particular percepția extrasenzorială (ESP - extrasensory perception în engleza) sau "a simți cu mintea." [1]

SUA a dezvoltat un proiect ca să exploreze asta. L-au numit Proiectul Stargate. Sună ca ceva științifico-fantastic, știu! Dar este adevărat! Proiectul a fost activ în mod oficial timp de 20 de ani până în 1995. Versiunea "oficială" susține că a fost un eșec. Cu toate acestea, dacă sapi după dovezi o sa afli că unii oameni erau foarte pricepuți la asta. Un om a putut să identifice trăsături ale sistemului solar înainte ca NASA să ajungă la această informație folosind sateliți. Ceva se petrece!

Dacă omul natural (firesc) poate accesa o parte din această abilitate, cu cât mai mult noi, fiii KAINOS, care suntem inspirați și uniți cu Natura Divină, ar trebui să putem vedea?

Deschizătoarea de drumuri Nancy Coen numește această abilitate ce ține de noua creație "Viziune Nelimitată".

Este uimitor. Un dar așa de mare! Chiar și uimitorul Telescop Hubble nu se poate compara cu lărgimea viziunii noastre. Te-ai uitat la cosmos împreună cu Isus?

În timp ce acest veac se termină și începe un altul, noi vom găsi claritate a viziunii. Noi vom ajunge la vârsta maturității.

Dar hrana tare aparține celor care sunt maturi, *adică*, celor care, datorită utilizării constante, și-au exersat simțurile. (Evrei 5:14)

Ceea ce a fost cândva destinat exclusiv profeților va deveni normal pentru toți. Haide să ne uităm la câteva exemple:

Ți-ar plăcea să îți protejezi națiunea de atac? Asta e exact ce Elisei a făcut pentru Israel. Ori de câte ori regele Siriei invada, Israel era pregătit să îl înfrunte și câștiga bătălia. Ei erau anunțați dinainte! Regele era furios. Aveau un spion în tabără?

Inima regelui Siriei s-a tulburat din cauza acestor lucruri.

El i-a chemat pe slujitorii săi și le-a zis:

"Nu-mi spuneți care dintre noi *este* de partea regelui lui Israel?"

Unul dintre slujitorii săi a răspuns:

"Nimeni, rege, stăpânul meu! Profetul Elisei însă, care *este* în Israel, îl înștiințează pe regele lui Israel de cuvintele pe care le rostești în camera ta de dormit." (2 Regi 6:11-12)

Elisei învățase misterul pe care vi-l arăt eu acum. El era un scut pentru națiunea lui și o proteja de rău. El ajuta guvernul. El trăia dincolo de limitările poziționării sale geografice. A învățat cum să se miște în Tărâmul Împărăției împreună cu Dumnezeu.

Sau ce spui despre a vedea întâlniri secrete? Ți-ar plăcea să știi ce se întâmplă în jurul lumii? Profetul Ezechiel a văzut idolatria secretă din spatele ușilor închise și cine era implicat în ea. El era conștient de corupția guvernului și de intrigile generației sale.

Apoi mi-a zis: „Intră și uită-te la urâciunile groaznice pe care le fac ei aici!". Am intrat, m-am uitat și, iată că acolo erau tot felul de forme de târâtoare și de animale scârboase, și toți idolii Casei lui Israel gravați pe zid, de jur împrejur. Înaintea lor stăteau șaptezeci de bărbați dintre bătrânii Casei lui Israel, iar în mijlocul lor stătea Iaazania, fiul lui Șafan. Fiecare avea în mână câte o cădelniță din care se ridica un nor mirositor de tămâie. El mi-a zis: „Fiul omului, ai văzut ce fac bătrânii Casei lui Israel în întuneric, fiecare în camera idolului său? Căci ei zic: «Domnul nu ne vede! Domnul a părăsit țara!»". (Ezechiel 8:9-12)

Acești oameni răi credeau că pot scăpa cu ceea ce făceau pentru că Domnul nu îi vede! Cât de valabil este acest lucru și astăzi? Cât de multe guverne și corporații pun la cale afaceri imorale chiar acum? Ei cred că ceea ce fac ei este ascuns. Asta la fel se va schimba!

Așadar, să nu vă temeți de ei! Căci nu este nimic acoperit, care nu va fi descoperit, și nimic ascuns, care nu va fi făcut cunoscut. (Matei 10:26)

Cred că noi centre ale Ecclesiei vor apărea în fiecare națiune, care vor fi capabile să vadă, să audă și să înțeleagă. Ele vor fi inspirate cu cunoaștere și vor străluci cu înțelepciune.

Există mici semnale din trecut care ne arată ce va urma, în special în rândul sfinților celți. Într-o eră fără telefoane celulare sau Facebook ei se bazau pe viziune nelimitată și cardiognoză pentru a rămâne conectați. Ei erau la curent cu ceea ce se întâmpla.

Într-o zi, în Iona, sfântul Columba s-a ridicat dintr-o dată din poziția în care era așezat pentru a citi și a spus cu un zâmbet: "Acum trebuie să mă grăbesc spre biserică și să Îl implor pe Dumnezeu în numele unei fete sărace care în acest moment este chinuită de durerile unei nașteri foarte grele și care acum mă strigă pe nume în Irlanda. Pentru că ea speră că prin mine Domnul o va elibera din chinul ei, fiindcă îmi este rudă, tatăl ei a aparținut neamului mamei mele." ²

Observați că ea l-a chemat pe el. Ea l-a contactat de la duh la duh prin cardiognoză. A trimis un sms spiritual pentru a cere ajutor. Atunci când inima ta se mișcă, duhul o urmează. Dacă cealaltă persoană este deschisă și receptivă te va simți și îți va răspunde. Este un apel telefonic spiritual.

Povestea lui Columba continuă:

Sfântul Columba a fost mișcat de milă pentru fată și a fugit la biserică unde a îngenuncheat și s-a rugat Fiului Omului, Hristos. Apoi după ce s-a rugat a ieșit și a spus acelor frați cu care s-a întâlnit: "Acum Domnul nostru Isus, cel care a fost născut din femeie, a arătat favoare față de săraca fată și a adus ajutor la timp pentru a o scăpa din dificultățile ei. A reușit să nască cu bine și nu se mai află în pericol de moarte."

Mai târziu au aflat de la oameni din locul acela că tot ce zisese Columba era adevărat. Acest fel de întâmplare era normală pentru el. Duhul profetic opera cu claritate și acuratețe. Este ceva ce vom vedea din nou în timp ce noi oracole se vor manifesta peste tot pe Pământ. Oameni ca și Samuel, ale căror cuvinte nu vor rămânea neîmplinite. O lucrare profetică de nivel mai înalt este pe cale să se manifeste.

În următoarea poveste, Columba a întâlnit un om la o pensiune. Imediat, el a văzut de unde venea omul, și a văzut evenimente cheie care se întâmplau cu familia acestuia acasă, în locul de unde era el.

Când sfântul l-a văzut, el a spus: "Unde locuiești?"

"În Cruach Rannoch aproape de țărmul lacului".

"Acel district de care tu spui se află atacat de criminali sălbatici în

acest moment."

Sărmanul om, în momentul în care a auzit aceste cuvinte, a început să plângă pentru soția și copiii săi, dar sfântul l-a mângâiat în durerea lui, spunând:

"Du-te, dragul meu, du-te. Întreaga ta familie a fugit în munți și a scăpat, deși atacatorii cruzi au luat cu ei mica ta turmă, și au luat ca și pradă mobila casei tale."

Când omul s-a întors în districtul său, a aflat că tot ceea ce spusese sfântul se întâmplase.

Profetul Bob Jones, care a trecut la cele veșnice, avea frecvent experiențe de genul acesta. Unele din poveștile cu el sunt incredibil de amuzante! Îmi amintesc cu ani în urmă că l-am găzduit pe Jeff Jansen (Global Fire Ministries) în Țara Galilor pentru o conferință. Jeff se odihnea la hotel. S-a uitat în oglindă și dintr-o dată l-a văzut pe Bob (care era unul din mentorii săi) stând în spatele său. Șocat, Jeff s-a întors și a văzut că era tot singur. Imediat l-a sunat pe Bob în America ca să vadă dacă fusese într-adevăr el. Bob a râs și a spus: "Da, îmi verificam băieții!" Îl iubea pe Jeff și voia să se asigure că totul era în ordine în excursia sa din Țara Galilor. Iubesc asta! Asta înseamnă să trăiești KAINOS!

Am învățat de la Domnul că dacă păstrezi pe cineva în inima ta - dacă îi iubești și dacă îi păstrezi în duhul tău ca o comoară - atunci vei vedea și vei simți mai multe despre viețile lor. Duhul tău îți va urma inima (vezi 2 Regi 5:26).

Am văzut evenimente îndepărtate. Am fost martor în vise și viziuni la întâlniri de bord și conversații care se întâmplau în alte locuri. O dată am văzut ce soția mea Rachel făcea în bucătărie în timp ce eu eram în sufragerie. Uneori mi s-a permis să văd chiar și în spațiu, dincolo de lumea noastră.

Fratele nostru mai mare reprezintă Prototipul. El este Stânca pe care noi suntem așezați și pe care ne bazăm viețile. Isus trăia liber de limitări umane și putea vedea dincolo de ochii Săi naturali.

Isus l-a văzut pe Natanael venind la El și a zis despre el, "Iată într-adevăr un israelit în care nu este viclenie." Natanael L-a întrebat, "De unde mă cunoști?"

Isus i-a răspuns și i-a zis, "Te-am văzut când stăteai sub smochin, înainte ca Filip să te cheme". (Ioan 1:47-48, NTR)

El l-a văzut pe Natanael înainte să îl întâlnească. Acest cuvânt specific cu privire la smochin l-a atins pe Natanael direct în inimă. Imediat el a crezut.

Ți s-a întâmplat și ție asta vreodată? Ai întâlnit vreodată pe cineva și ai simțit că deja îl cunoști? Poate că într-adevăr i-ai văzut dinainte în Duhul. Ai fi surprins să știi cât de activă este partea ta spirituală de fapt. Este întotdeauna în mișcare, în mod special noaptea. Nu doarme niciodată.

Viziunea noastră nu este limitată nici măcar la oameni și națiuni. Da, putem să vedem evenimente la distanță aici, așa cum Elisei îl vedea pe regele Siriei, dar noi putem să vedem de asemenea și cele cerești. Isus a spus:

Mă uitam și l-am văzut pe Satan căzând din cer ca un fulger! (Luca 10:17-20, PHI)

El vedea constant prin multiple dimensiuni, lucrând împreună cu Tatăl Său. De fapt, ca să funcționăm cu adevărat ca niște fii maturi, noi trebuie să vedem.

Atunci Isus le-a răspuns și le-a zis: „Adevărat, adevărat vă spun că Fiul nu poate face nimic de la Sine, ci doar ceea ce-L vede pe Tatăl făcând. Ceea ce face Tatăl, face și Fiul întocmai. (Ioan 5:19) .... Eu spun ceea ce am văzut la Tatăl (Ioan 8:38)

Întreaga lume este complet deschisă în fața privirii Sale.

Căci ochii Domnului străbat întreg pământul (2 Cronici 16:9, ISV)

> Unde să plec dinaintea Duhului Tău, unde să fug dinaintea feței Tale? Dacă mă sui în cer, Tu ești acolo!

> Dacă îmi întind patul în Locuința Morților, iată-Te și acolo! Purtat de aripile zorilor, mă așez la capătul

> mării, dar și acolo mâna Ta mă conduce și dreapta Ta mă apucă. (Ps 139:7-10)

Psalmistul înțelegea că Duhul lui Dumnezeu este peste tot și că El umple totul - chiar și iadul. Creația este mai mică decât Trinitatea. Chiar și cerurile cerurilor sunt prea mici.

Iată că nici chiar cerurile și cerurile cerurilor nu Te pot cuprinde (1 Regi 8:27)

El (Isus), Cel Care a coborât, este Același cu Cel Care S-a suit deasupra tuturor cerurilor. El a făcut asta ca să umple toate lucrurile. (Efeseni 4:10, WE)

Iubesc asta. Aceste versete sunt aur. Uși deschise înspre Oceanul divin! Sari în el!

Aici este momentul în care devine minunat pentru noi ca și fii. Nu suntem noi acum uniți cu Duhul Său? Nu este Evanghelia un mesaj de unire cu El? O căsătorie spirituală? Ba da!

Dar cel care se unește cu Domnul devine UN SINGUR duh cu El (1 Cor 6:17, WE)

Prin urmare, într-o anumită modalitate nouă mistică, noi putem accesa ORICE LOC în Hristos pentru că noi suntem deja peste tot în El. Noi suntem în El și Hristos este în noi! Uimitor! Așa cum Pavel a spus:

Duhul lui Dumnezeu ne cheamă. Sunt lucruri de făcut și locuri unde trebuie mers! (Rom 8:14, MSG)

Iubesc această invitație! Ca și Aladdin în desenul animat Disney, Duhul Sfânt întinde mâna și zice "Ai încredere în Mine?" Poate că nu ai văzut acest film? Tânăra fată Jasmine se gândește la oferta de a zbura, apoi sare pe covorul magic împreună cu Aladdin. Ei încep să cânte un cântec uimitor despre a vedea "o lume complet nouă" (suna cunoscut?)! [3]

Aladdin cântă "Pot să îți deschid ochii, să te duc din minune în minune..."

Aceasta este o imagine profetică despre cum arată să te miști în Duhul. Nu este înfricoșător. Tu ești cu El. Nu ești singur. El te duce. El îți arată. În Uniune este modul în care noi zburăm așezați pe har!

Jasmine îi cântă răspunzând lui Aladdin:

"Sunt ca o stea căzătoare, am ajuns atât de departe încât nu pot să mă întorc acolo unde eram înainte."

Acesta este visul Cerului pentru noi. Să ajungem atât de departe pe acest drum încât să nu ne mai întoarcem niciodată. Exact ca și Enoh!

CUNOAȘTERE INSUFLATĂ

Dumnezeu i-a dat lui Solomon înțelepciune - cea mai adâncă înțelegere și cea mai largă dintre inimi. Nu exista nimic care să fie prea mult pentru el, nimic căruia el să nu poată să îi facă față. (1 Regi 4:29, MSG)

Mă bucur că încă citești! Știu că poate fi prea mult pentru unii dintre voi. E foarte bine că ai reușit să progresezi până aici. Hai să devenim flămânzi pentru și mai mult. Tu ai fost creat pentru asta. Sunt convins că în viitor aceste subiecte vor deveni un fel de lecție standard banală.

Haideți să extindem definițiile a ceea ce este posibil ACUM. Biserica a trăit prea limitat. În acest capitol ne vom bucura explorând un alt set de abilități mistice care decurg din uniunea noastră cu Divinitatea. Acestea sunt numite "Cunoaștere Insuflată" și "Inimi Lărgite".

La fel ca și mașinăria TARDIS din serialul *Dr Who* (da, sunt un tocilar!) noi suntem mult mai mari pe dinăuntru decât pe dinafară. Înăuntru sunt păstrate toate bogățiile și misterele Cerului. Trebuie doar să învățăm cum să scoatem din această comoară ascunsă ca să ajutăm lumea. Să trăim din interior înspre exterior.

Hai să începem cu "Cunoaștere Insuflată". Poate fi definită ca și:

Darul cunoașterii naturale (seculare) și supranaturale (spirituale) acordat în mod miraculos de Dumnezeu. Unii cred că Adam și Eva au avut această cunoaștere, ei venind în existență într-o stare de adult; ei trebuiau să fie primii învățători ai rasei umane.[1]

Cunoașterea insuflată este cunoașterea care a fost transmisă în mod direct nouă de către Dumnezeu. Nu vine în urma studiului pământesc. Nu este naturală. Este supranaturală!

Nu este limitată la un singur subiect. Ar putea fi cunoaștere despre știință, muzică, limbă, timp, oameni, artă sau chiar și despre cosmos.

Ar putea veni dintr-o dată, într-o fracțiune de secundă, sau într-un ritm mai blând, în mod progresiv. Este un rod al uniunii mistice.

Eu sunt Vița, voi sunteți mlădițele. Când voi sunteți uniți cu Mine și Eu cu voi, în relație intimă și organică, recolta cu siguranță va fi bogată. Separați, voi nu puteți produce nimic. (Ioan 15:7, MSG)

Lucrul uimitor despre cunoașterea insuflată este că uneori poate veni în secret, fără ca tu să fii conștient cum a ajuns acolo. Poate să-ți pătrundă în inimă în timpul nopții sau în mijlocul prezenței Sale.

> **Căci Dumnezeu vorbește când într-un fel,**
> **când în altul, dar *omul* nu ține cont.**
> **Într-un vis, într-o vedenie de noapte,**
> **când oamenii sunt cuprinși de un somn adânc,**
> **când ei dorm în patul lor,**
> **atunci El deschide urechile oamenilor**
> **și pecetluiește instruirea cu privire la ei (Iov 33:14-16).**

Cu ani în urmă am fost atins puternic în timp ce îl ascultam pe Joshua Mills (New Wine International). Joshua ne-a spus o poveste despre cum el a avut o întâlnire intensă cu Dumnezeu în timp ce era adolescent. Se afla într-o întâlnire de biserică și dintr-o dată a fost umplut până la extaz de Duhul Sfânt. În următoarea dimineață, Joshua s-a trezit cu abilitatea de a cânta la orgă și de a scrie muzică. Totul era în el, putea pur și simplu să facă asta. Dumnezeu a "pecetluit instruirea" în el pe timpul nopții. Nu vrei și tu asta? Download de date divin!

Cunoașterea insuflată este conectată cu uniunea. Noi vorbim des despre asta în podcasturile noastre. E pur și simplu unul din roadele prieteniei. Unul din semnele definitorii ale extazului spiritual.

Eu am trăit o dată acest fenomen în timp ce zburam cu avionul spre Franța pentru a face întâlniri de tineret acolo. Mă bucuram de dulceața prezenței lui Dumnezeu și dintr-o dată am fost luat. Într-o secundă am descoperit că eram în Cer. Am văzut "Cărțile viitorului" și am primit înțelegere cu privire la Enoh. Am înțeles că Ecclesia de fapt va reconstrui orașe ruinate, va teraforma Pământul și va transforma ADN-ul. Am fost insuflat cu Isaia 61:3-4. Uimitor!

Unii cred că Adam avea tipul acesta de cunoaștere, că primii oameni aveau capacitatea de folosire a creierului de 100%. Creat pentru a fi pregătit să pornească în viață, Adam nu a trebuit să învețe să meargă sau să umble, aceste abilități se aflau deja în el. El s-a născut ca și ființă matură. Adam știa cum să lucreze pământul și cum să creeze tehnologie. El era insuflat cu înțelegere despre animale și plante. El le cunoaștea natura.

Vedem adesea această abilitate în Isus. În cazul femeii de la fântână, Isus îi știa întreaga poveste de viață. Nimic nu îi era ascuns. Ea a fost înmărmurită!

Mulți samariteni din cetatea aceea au crezut în El datorită cuvintelor femeii, care mărturisea: „Mi-a spus tot ce-am făcut vreodată!" (Ioan 4:39)

El o cunoștea pe dinafară și pe dinăuntru. Cunoștea povestea ei, înțelegea durerea ei. Aceasta nu era o cunoaștere firească. Era prin Duhul. Venea de la Tatăl (1 Cor 2:10).

Ai avut vreodată așa ceva? Într-o secundă Dumnezeu să descarce informații în tine?

Istoria Bisericii conține multe povești de acest fel. Adesea mă uit la sfinții celți. Ei reprezintă un far de lumină în decursul veacurilor, marcând insulele britanice cu speranță. În această poveste Sfânta Bridget și prietenii ei așteptau să întâlnească un funcționar important pentru a pleda înaintea sa o cauză.

Bridget iubea muzica și, odată, la cetatea unei căpetenii, undeva în apropiere de Knockaney (Comitatul Limerick), a mers să ceară eliberarea unui prizonier. Tatăl adoptiv al căpeteniei, care era o persoană în vârstă, i-a spus să stea jos și să aștepte după acesta. În timp ce aștepta, ea a văzut niște harfe atârnând pe perete. A cerut să i se cânte dar harpiștii nu se aflau acolo. Surorile care o însoțeau pe Bridget i-au spus tatălui adoptiv să ia harfa și i-au zis că în timp ce Bridget se afla acolo el va avea abilitatea să cânte la ea. Bătrânul a luat jos harfa de pe perete, a început să atingă corzile cu stângăcie, dar dintr-o dată a descoperit că putea produce arii și armonii. O altă persoană din casă a încercat cu frică să cânte la a doua harfă și a descoperit că tot așa funcționează și pentru el. Curând locul a fost umplut de muzică veselă și căpetenia a sosit acasă la timp să o audă. A auzit râsetul tatălui său adoptiv, și era o

întâmplare rară pentru acest om să râdă. Plăcut surprins de ceea ce a găsit acasă, a fost de acord să îi dea lui Bridget tot ceea ce aceasta a cerut.[2]

Ha! Aceasta este o invazie a gloriei. Avem nevoie mai mult de așa ceva astăzi. La locul de muncă, acasă, la școală. Poți vedea asta? Eu visez despre asta. Pot vedea insulele sălbatice britanice răsunând de bucurie!

Acest miracol nu este limitat la timpuri străvechi. Evanghelistul vindecător american John G. Lake a experimentat și el cunoașterea insuflată. Cu o ocazie, John aștepta să prindă un tren, și a simțit un puternic imbold să le vorbească despre Isus unor italieni care așteptau pe peron.

În timp ce mă plimbam de-a lungul peronului am spus "Oh Doamne, cât de mult mi-ar plăcea să le pot vorbi acestor oameni despre Hristosul viu și puterea Sa de mântuire."

Duhul a spus "Poți să o faci".[3]

Ai auzit asta? "Poți să o faci!" îți spune Dumnezeu! Ce s-a întâmplat în continuare este pură bucurie:

Am trecut pe partea pe care așteptau ei și în timp ce mă apropiam am observat că încep să vorbesc într-o limbă străină. M-am adresat unuia din grup și imediat el mi-a răspuns în italiană. L-am întrebat de unde este și el a răspuns "Napoli". Timp de 5 minute Dumnezeu m-a lăsat să împărtășesc din adevărurile lui Hristos și despre puterea Lui acelui grup de muncitori în italiană, o limbă pe care nu o cunoșteam deloc.

John G. Lake a prorocit că o revărsare a harului urmează să vină pentru a da ungere unei generații viitoare în a vorbi FIECARE limbă. El a văzut că ceea ce el avea în acel moment era doar o întrezărire, o străfulgerare a ce urmează să vină.

Îți poți imagina să se întâmple acest lucru acum? Noi toți vorbind MULTE limbi! Mass-media ar fremăta de uimire. Ar cutremura lumea. Îndrăznesc să am credință pentru asemenea lucruri. Așa cum Pavel a spus:

Într-adevăr, dacă pare că ne-am ieșit din minți, este ca să îi aducem

glorie lui Dumnezeu (2 Corinteni 5:13, NLT).

A doua putere KAINOS care însoţeşte acest fenomen este ceea ce eu numesc "Inimă Lărgită". Reprezintă o capacitate profund supranaturală de a pune în aplicare cunoaşterea, a rezolva probleme, a găsi soluţii.

Vorbim despre o inimă înţeleaptă dincolo de gândirea naturală. Este lucrul în care Solomon şi mulţi sfinţi din istorie au umblat. Citeşte versetul următor şi imaginează-ţi că ţi se întâmplă ţie:

Dumnezeu i-a dat lui Solomon înţelepciune - cea mai adâncă înţelegere şi cea mai largă dintre inimi. Nu exista nimic care să îl depăşească, niciun lucru căruia el să nu-i poate face faţă. (MSG)

Elohim **i-a dat lui Solomon înţelepciune - o profundă percepţie şi o minte la fel de nelimitată precum nisipul de pe malul mării (1 Împăraţi 4:29, NOG)**

Wow! Iubesc cuvântul acesta…. minte nelimitată!!

Biblia este plină de oameni care au umblat în acest lucru înainte de noua creaţie. Erau mici semne ce arătau înspre o zi mai măreaţă. Daniel era unul din ei. El şi-a asumat responsabilitatea în Duhul pentru o naţiune şi peste acest gest s-a revărsat autoritate împreună cu o inimă mărită.

Un duh extraordinar, cunoaştere şi perspicacitate, abilitatea de a interpreta vise, de a lămuri ghicitori şi de a rezolva probleme complexe au fost găsite în acest Daniel (Dan 5:12, AMP).

El putea face orice - să interpreteze vise, să rezolve mistere, să explice puzzle-uri (MSG).

Să descuie mistere şi să rezolve probleme încâlcite (CJB).

Nimic nu era dincolo de puterea de înţelegere a lui Daniel. Nimic… Gândeşte-te la asta.

Unii cred că noi ne folosim doar 10% sau mai puţin din capacitatea creierului nostru. La ce foloseşte acel procent de 90%? Poate că restul este pentru un nivel mai înalt de conştiinţă şi de angajament dimensional, ceea ce noi numim tărâmul spiritual?

Ceea ce noi ştim este că Isus a venit să restaureze tot ceea ce a fost pierdut. Să recupereze totul. Asta include şi capacitatea noastră intelectuală şi raţiunea noastră, cunoaşterea noastră, acel procent de 100% şi dincolo de el.

Fiindcă Fiul Omului a venit să caute şi să salveze ceea ce a fost pierdut. (CJB)

Bob Jones a prorocit că vom descoperi că avem abilităţile cognitive crescute, în timp ce ne apropiem de timpul secerişului. Eu cred acest lucru.

Noi pur şi simplu nu putem înţelege vremurile în care trăim fără să înţelegem de asemenea şi că va exista o creştere profundă în revelaţie, înţelepciune şi înţelegere.

Fii voştri vor proorocii, la fel şi fiicele voastre; tinerii voştri vor avea viziuni, bătrânii voştri vor visa vise. Când va veni vremea, îmi voi revărsa Duhul peste cei care Mă slujesc, atât bărbaţi cât şi femei, şi ei vor proorocii. (Fapte 2:17, MSG)

Aceasta este o schimbare majoră! Ne aflăm în era Adevărului Revelat! Şi acesta este în creştere.

În timpul lui Enoh se întâmpla opusul. Înţelepciunea nu găsea loc de odihnă pe Pământ. Ei erau o generaţie rebelă nelegiuită care nu Îl iubea pe Dumnezeu. Era o vreme întunecată. Înţelepciunea a rămas închisă în Ceruri. *Cartea pierdută a lui Enoh* [4] spune:

Părea ciudat faptul că înţelepciunea nu a găsit un loc unde ar fi putut să locuiască; atunci i-a fost desemnat un loc în ceruri... Ea a ieşit să-şi facă o locuinţă printre fiii oamenilor dar nu a găsit niciun loc în care să rămână. S-a întors la locul ei şi a locuit printre îngeri.

Cu toate acestea, Enoh a văzut un timp când acest lucru se va schimba. Un timp în care oamenii vor merge în Cer şi vor bea din fântânile Înţelepciunii. El a văzut comunităţile Ecclesia în curs de dezvoltare înaintea timpului lor.

Am văzut fântâna dreptăţii, care este fără fund. Peste tot în jur se aflau alte fântâni ale înţelepciunii. Cei care erau însetaţi beau din această apă şi ei erau umpluţi cu înţelepciune.

Centre mistice urcând în Sion pentru a învăţa căile lui Dumnezeu. Iubesc asta! A început deja.

Enoh a văzut apoi că Înţelepciunea va umple Pământul până la saturație cu secretele dreptății. O zi de invazie a cunoașterii. O revărsare a Duhului de Înțelepciune!

Înțelepciunea va fi revărsată ca și apa și gloria lui Dumnezeu nu se va opri niciodată. Fiindcă El este puternic în toate lucrurile și în toate secretele dreptății.

Noi ne aflăm în acest timp. Eu cred asta. Văd asta. Am întâlnit oameni KAINOS cărora le-au fost arătate noi tehnologii de calculator, proiecte de mașini, idei pentru prelungirea vieții, algoritmi de ultimă oră, nanotehnologie și multe altele.

Unele dintre aceste idei sunt nebunești! Aceste progrese se întâmplă chiar acum, adesea în secret. Am vizitat eu însumi un sediu al noii creații ca să văd aceste lucruri cu proprii mei ochi. Ce am văzut acolo era absolut uluitor! Am fost încântat!

Nu vrei și tu asta?

E uimitor că Dumnezeu vrea și pentru noi aceste lucruri, și multe altele pe lângă ele!

Nu te teme, turmă mică, pentru că Tatăl vostru vă dă cu plăcere Împărăția (Luca 12:32, VDC).

Nu te îndoi de nimic! Lui îi face plăcere să împartă cu tine Împărăția!

Cheamă-Mă, și îți voi răspunde, și-ți voi arăta lucruri mari și nepătrunse, pe care nu le cunoști (NKJV)... Îți voi spune lucruri minunate și uimitoare pe care nu le-ai putea descoperi niciodată singur (MSG)... lucruri ce se află dincolo de imaginația ta (Ieremia 3:33, VOI)

Te-ai putea simți necalificat pentru o umblare ca și aceasta. Evanghelia este mesajul bucuriei - acela că tu erai necalificat - așa că Isus a făcut totul în locul tău! El a trăit o viață perfectă în numele tău. Acum noi primim Împărăția ca și dar, prin credință. Crezând, nu reușind!

Acest har vine la grupuri mici care sunt împrăștiate peste tot pe glob. Centre de guvernare se află din nou în proces de naștere, chiar acum, în camere de zi, în case de rugăciune, în biserici conduse de Duhul Sfânt, în birouri, în locurile ascunse.

Am văzut într-un vis o soție casnică care era mentorată în mod direct de Cer. În timp ce ea făcea curățenie ea era învățată secretele

Împărăției. Acest lucru a continuat în secret timp de ani de zile până când a fost chemată să dea învățătură. Într-o zi ea a ieșit și a început să învețe. Nimic nu o putea opri. Ea era un nou oracol.

Căci nu este *nimic* ascuns care nu va fi descoperit și *nimic* tăinuit care nu va ieși la lumină. (Marcu 4:22, VDC)

Consilii de administrație și guverne vor veni la oameni ca și ea, îi vor invita la întâlniri, vor primi rugăciune și slujire profetică din partea lor. Ei vor fi esențiali în rezolvarea problemelor acestor vremuri. Nu vor putea fi cumpărați sau influențați de oameni, ci se vor mișca doar pe baza călăuzirii Cerului, așezați în Hristos, în odihnă în lucrarea Lui finalizată. Ei vor fi lucrări ale "Cuvântului Viu".

Am ales să vorbesc despre acest lucru având credința fermă că tu ești unul dintre aceia care au fost aleși pentru a cunoaște misterele. Ai fost născut într-un timp în care Înțelepciunea va fi turnată ca ploaia. Tu vei fi extins dincolo de orice imaginație, la fel ca și Solomon.

Dumnezeu a dat lui (*numele tău*) - *cea mai adâncă înțelegere și cea mai largă dintre inimi. Nu se afla nimic dincolo de* (*numele tău), nimic ce (* numele tău) să nu poată să îi facă față (1 Împărați 4:29, MSG).

Rostește acest lucru. Vezi acest lucru. Fii înfometat după acest lucru. Visează acest lucru. Vezi acest lucru. Crede-l!

"Spionează-ți" moștenirea cu credință inocentă KAINOS, ca un copil.

Dacă veți trăi în Mine (veți locui uniți în mod vital cu Mine) și cuvintele Mele rămân în voi *și* continuă să trăiască în inimile voastre, cereți orice veți dori, și va fi împlinit pentru voi (Ioan 15:7, AMP)

Uniunea cu El face ca aceste cuvinte să rămână și să trăiască în tine. Noile oracole sunt pe cale să apară… poate mult mai curând decât noi ne așteptăm!

TRANSPORT MIRACULOS

"Cred că fenomenul transportului va crește în mod dramatic" John Paul Jackson[1]

În 2014 am început să întrezăresc un mister. Fiii sunt construiți într-un asemenea mod în care să îi facă capabili să înfăptuiască lucruri prin Duhul care sunt deja posibile pe Pământ prin tehnologie naturală. Acea tehnologie de fapt revelează principii nevăzute. Este o manifestare a bunătății Domnului.

În lumea naturală am văzut o schimbare uimitoare în tehnologia călătoriilor în jurul lumii. Tatăl meu mi-a spus că zborul era considerat un lux pe vremea când el era copil. Era un lucru rar ca oamenii obișnuiți să călătorească în afara țării. Dacă privim înapoi cu încă o generație, mașinile erau un obiect de lux, și cu încă o generație în urmă oamenii călătoreau în trăsură trasă de cai.

Una dintre tehnologiile KAINOS care se află în curs de dezvoltare este de asemenea conectată cu transportul. Reprezintă abilitatea supranaturală de a te teleporta dintr-un loc în altul. Mi s-a arătat faptul că unii oameni radicali vor TRĂI în Duhul, ȘI DE ASEMENEA, ei se vor și MIȘCA în Duhul:

Căci în El avem viața, mișcarea și ființa (Fapte 17:28).

Poate că Daniel a prevăzut acest lucru. El s-a uitat în viitor și a zis:

Mulți vor călători peste tot (Dan 12:4, GW).

De fapt, cred că în timp ce națiunile își vor întări granițele naționale și intrăm într-o lume tot mai monitorizată electronic, acest lucru va deveni esențial. Creația KAINOS transcende limitele geografice temporale.

Pământul cu tot ce este pe el aparține Domnului.

Din nou privim lung și cu dragoste la Model, ca să ne amintim cine suntem și ce facem. Având un trup de carne care putea primi hrană și putea fi atins, Isus s-a transportat instant în cameră:

Pe când vorbeau ei astfel, Însuși Isus a stat în mijlocul lor și le-a zis: „Pace vouă!" Plini de frică și de spaimă, ei credeau că văd un duh. Dar El le-a zis: „Pentru ce sunteți tulburați? Și de ce vi se ridică astfel de gânduri în inimă? Uitați-vă la mâinile și picioarele Mele, Eu sunt; atingeți-Mă și vedeți: un duh n-are nici carne, nici oase, cum vedeți că am Eu" (Luca 24:36-39).

Este o relatare atât de epică. Îmi doresc să fii fost acolo. O iubesc.

Aceasta nu a fost singura teleportare a lui Isus. Cu altă ocazie, Isus a mutat instant barca și ucenicii peste lac. S-a întâmplat după ce a umblat pe apă:

Dar El le-a zis, "Eu sunt, nu vă temeți." Atunci ei L-au primit de bunăvoie în barcă și IMEDIAT barca s-a aflat la țărmul spre care mergeau (Ioan 6:21).

Îmi place cum e tradus acest verset în traducerea New Living Translation:

Îndată au ajuns la destinație! (Ioan 6:21, NLT)

Imaginează-ți că acest lucru ți se întâmplă ție. Te urci în mașină să conduci și instant ești acolo! GPS-ul spune "ai ajuns la destinație!" Ha! Vreau asta. Ar fi minunat să ajungi acolo instant.

După ce Isus a plecat de pe Pământ, biserica primară a continuat să se miște în acest dar al teleportării. Filip a traversat 40 de mile cât ai clipi din ochi:

A poruncit să stea carul, s-au coborât amândoi în apa, și Filip a botezat pe famen. Când au ieșit afară din apă, Duhul Domnului a răpit pe Filip, și famenul nu l-a mai văzut. În timp ce famenul își vedea de drum, plin de bucurie, Filip se afla la Azot, de unde s-a dus până la Cezareea. Și propovăduia Evanghelia în toate cetățile prin care trecea. (Fapte 8:38-40)

Această abilitate era normală chiar și pentru unii din Vechiul Testament. Ilie era frecvent dus de Duhul în diferite locuri din Israel. Atât de mult se întâmpla acest lucru încât i s-a cerut să rămână pe loc pentru un moment (vezi 1 Împărați 18:12). Ilie a trebuit să promită că nu va dispărea. Nu e uimitor?

Înspre aceasta ne îndreptăm cu toții. Viața KAINOS implică să te miști în Duhul și Puterea lui Ilie!

Unul din eroii mei este regretatul John Paul Jackson. El m-a onorat și nu voi uita niciodată acest lucru. John Paul a avut multe experiențe neobișnuite. În următoarea relatare el povestește cum un om a fost transportat în camera lui de hotel din Mexico în Elveția.

Mă aflam în Geneva, Elveția. Călătoream de 21 de zile și nu mă simțeam prea bine. De fapt eram foarte bolnav... nu era distractiv. Am plecat din aeroportul din Los Angeles crezând că mă voi simți mai bine... 21 de zile mai târziu eram mai rău.

Era 2:30 dimineața. Stăteam treaz în mari dureri, încercând din răsputeri să nu mă las doborât de durere. M-am uitat la ceas și arăta 2:30 și m-am uitat în dreapta și un bărbat se afla acolo. M-am gândit că sunt mai bolnav decât realizez. Cred că halucinez. Nu se află nimeni acolo. Probabil este o halucinație.

Am spus, "Doamne, dacă Tu ești în asta, atunci vreau ca Tu să îl pui să mă atingă și să se roage pentru mine... Vreau ca el să își pună mâna lui peste mâna mea. Nu vreau chestiile ce țin de Duhul în care mâna lui trece prin mine. Vreau să simt greutatea mâinii sale și vreau să fiu vindecat."

El era undeva la final de 70 de ani, început de 80 de ani, foarte veteran, și arăta ca și cum ar fi spaniol sau mexican. Mi-a spus "am venit să mă rog pentru tine ca să te faci bine". Și-a pus mâinile peste mine. S-a rugat pentru mine. Am simțit ca și cum un sul de pergament a intrat în mine. S-a simțit gros ca mierea și în timp ce se aduna în mine nu simțeam nicio durere. S-a rostogolit în sus pe cap și în jos pe picioare și am fost instant vindecat. M-am uitat la el și el mi-a zâmbit și a dispărut din fața ochilor mei.

Fusesem vindecat! Eram foarte fericit și m-am ridicat slăvindu-L pe Domnul. I-am mulțumit lui Dumnezeu ca mi-a trimis pe unul din îngerii Săi... El a zis, "A fost un slujitor al meu din Mexic care trăiește într-un mic sat și care m-a întrebat dacă poate să Îmi fie de

folos cu ceva. Așa că l-am adus aici și l-am dus înapoi.”

Spunând povestea, John Paul a râs și a spus:

Cum ți-ar plăcea să fii tu acel om? Știu că asta se va întâmpla![2]

Vreau asta. Cred că suntem pregătiți de aventură. Este în ADN-ul nostru!

Bunul meu prieten Matthew Nagy (Glory Company) era în mod frecvent transportat peste un etaj de scări în fiecare dimineață în drum spre biroul său. Întotdeauna îl lua prin surprindere. El pur și simplu se bucura de dulceața lui Isus, și dintr-o dată era luat în sus! Sună bine pentru mine!

Îmi plac scurtăturile! Prietenii mei John și Ruth Filler au venit să mă asculte vorbind în Oregon SUA. Le-a luat trei ore ca să ajungă la întâlnire. Întoarcerea a durat jumătate din acest timp, deși au condus cu viteză normală. Nu este asta uimitor? Eu numesc acest fenomen ciudat "timp răscumpărat" (vezi Efeseni 5:16).

Mulți oameni ne trimit emailuri și mesaje cu povești aproape identice. Această abilitate KAINOS de a transforma timpul și realitatea este în creștere. În mod curios, unii au plecat în întârziere de acasă și cu toate acestea au ajuns devreme la întâlniri. E nebunesc! E ciudat! E atât de distractiv!

Mă aflam cândva într-o vacanță de câteva zile împreună cu Ian Clayton și alți prieteni în frumoasa Nouă Zeelandă. Tocmai vizitaserăm faimoasele bazine vulcanice. Ian conducea pe niște drumuri de țară șerpuitoare. Ne aflam în vârful unui munte privind în jos spre vale. Într-o secundă ne-am aflat pe șoseaua de jos. Ne-am distrat de asta! M-aș fi bucurat mai mult de întâmplare dacă nu eram atât de speriat de felul cum conducea Ian - conducea nebunește (pe cuvântul meu)!

Istoria ne arată că Dumnezeu este dispus să le dea prietenilor Săi o mână de ajutor în timpul călătoriilor. El răsplătește prietenia. Una din relatările bisericii primare este aceea a Sfântului Ammon. Sfântul se afla într-o călătorie cu ucenicul său Theodore:

Când au ajuns la un râu pe care plănuiseră să-l traverseze, au văzut că apa crescuse și inundase malul. Au realizat că vor fi nevoiți să îl traverseze înot și nu umblând. Cei doi s-au despărțit ca să se dezbrace, dar Sf Ammon, fiind prea timid pentru a înota gol, încerca să se decidă cum să procedeze, când dintr-o dată a fost

dus pe cealaltă parte. Theodore, venind în urma sa și văzând că traversase fără a se uda, i-a cerut să îi explice ce s-a întâmplat și a fost atât de insistent încât Sfântul a mărturisit într-un final miracolul.[3]

Cred că celebrului om de aventură Bear Grylls, ce face show-uri TV în sălbăticie, i-ar plăcea foarte mult să primească acest miracol!

Se pare că dorința reprezintă o forță puternică în construirea unui cadru pentru împlinirea posibilităților spirituale. Așteptarea însoțită de speranță produce credință. Credința produce dovada lucrurilor nevăzute. Credința transformă realitatea.

În următoarea poveste, Sf Dominic și-a dorit să petreacă întreaga noapte în rugăciune la biserică dar din păcate biserica era încuiată pe timpul serii.

Sf Dominic călătorea pe timp de seară în compania unui călugăr Cistercian când au ajuns în apropierea unei biserici din vecinătate. Potrivit obiceiului sfântului, el a vrut să petreacă noaptea în rugăciune în fața altarului, dar a fost dezamăgit să descopere că biserica era ferecată pe timp de noapte. Amândoi au decis să petreacă în schimb noaptea în rugăciune pe genunchi pe treptele bisericii, când deodată, "fără să poată spune în ce mod, s-au descoperit în fața altarului din biserică și au rămas acolo până la răsăritul soarelui."[4]

Aceasta este puterea dorinței. Atrage favoare din partea Tatălui. Observă și faptul că au avut de asemenea abilitatea să nu simtă nevoia de somn, un rod des întâlnit al uniunii mistice. Există Viață în Uniune.

Recent am avut plăcerea să îl ascult pe Paul Keith Davis împărtășind povești despre profetul Bob Jones, un erou personal de-al meu. Îmi doresc să îl fii putut cunoaște pe pământ.

Paul Keith ne-a povestit ce s-a întâmplat pe când se aflau în Moravian Falls în SUA. Erau acolo să se roage ca pământul pe care se aflau să fie vândut bisericii. Dimineața devreme un înger l-a scuturat pe Bob să se trezească. I-a spus să se îmbrace și să îl urmeze. Îngerul l-a transportat pe Bob pe vârful dealului ca să confrunte o ființă demonică care bloca vânzarea terenului. Bob s-a ocupat de ființa respectivă. Este o poveste nebunească.

Paul Keith a fost uimit să se trezească devreme și să îl vadă pe Bob întorcându-se încet de pe deal, pe cont propriu. Bob urma să se opereze la genunchi în perioada aceea și Paul Keith a fost surprins să îl vadă coborând dealul. Bob i-a spus ce s-a întâmplat.

După ce a auzit toată povestea cu îngerul, Paul Keith a insistat ca Bob să îl trezească și pe el dacă un înger ar face așa ceva din nou. El a râs în timp ce ne zicea povestea, dar eu cred că era devastat că a ratat toată distracția!

Pere Lamy a fost un alt bărbat în vârstă (la fel ca și Bob) care a fost transportat ca să îi fie scutiți genunchii slăbiți. El era un preot catolic care înfăptuia multe minuni. El umbla îndeaproape cu îngerii și adesea era ajutat de ei:

Am fost susținut de sfinții îngeri de multe ori, atunci când eram sleit de puteri, și am fost transportat dintr-o parte în alta fără să cunosc prea multe despre cum s-a întâmplat. Obișnuiam să spun "Dumnezeul meu, cât sunt de obosit". Mă aflam departe în parohia mea, adesea pe timp de noapte, și descopeream că sunt dintr-o dată la locul St Lucian. Cum se întâmpla asta nu știu.[5]

Iubesc acest lucru. Cerului îi pasă!

Ian Clayton este un deschizător de drumuri în tehnologia spirituală. Ian are experiențe de teleportare în mod regulat, apărând într-o celulă de închisoare pentru a vindeca un creștin, fiind transportat în China pentru a da învățătură despre Tărâmul Împărăției, salvând o familie din Orientul Mijlociu de un atac cu bombă. În mod ciudat, de câteva ori a fost rănit și are cicatrici pe care să le arate.[6]

În același mod în care am învățat cum să "însuflețim darul care este în noi", ca și darul profeției și al vorbirii în limbi, noi de asemenea vom cunoaște cum să "însuflețim" teleportarea, bi-localizarea, trecerea dintr-o dimensiune în alta și înfăptuirea de minuni. Este progresul natural de creștere înspre maturitate ca și Ființă Spirituală.

La fel cum s-a întâmplat în cazul dezvoltării tehnologiei naturale, ceea ce cândva părea ca fiind magie va deveni în timp ceva comun și normal. Tehnologia se află într-un proces de creștere exponențial. Pregătește-te să vezi același ritm de creștere și în spiritual!

Crede în transporturi miraculoase!

METAMORFOZĂ

În timp ce ei priveau, El (Isus) a început să își schimbe forma (Matei 17:2, CJB).

Recent am trecut prin formalitățile necesare pentru a obține un pașaport nou. Mi-au fost făcute poze pentru el. Nu îmi venea să cred cât de mult fața mi s-a schimbat în ultimii zece ani. E ciudat.

Pe măsură ce îmbătrânești realizezi că trupul exterior nu reprezintă de fapt cine ești tu cu adevărat. Corpul este un dar minunat și servește unui scop puternic pe Pământ. Ne dă voie să funcționăm în lumea văzută, dar în același timp nu ne poate defini în cea mai adâncă parte din noi.

În acest capitol vreau să vorbesc despre un subiect straniu care are legătură cu corpul. Am luat în considerare să nu pun acest subiect în carte fiindcă este puțin ciudat. Dar am simțit înaintea Domnului că e bine să îl pun și sper că am făcut alegerea corectă. Poate că va ajuta pe cineva care citește această carte să înțeleagă unele experiențe pe care le-a avut. Lui Dumnezeu îi pasă și de o singură persoană. Acest capitol ar putea fi pentru tine.

Vreau să vorbesc despre fenomenul transformării fizice în mod supranatural. Învățătorii biblici îl numesc "metamorfoză" sau "transfigurare", cuvinte care pur și simplu înseamnă:

O completă schimbare a formei fizice sau a înfățișării (dictionary.com)

Se pare că în viața "KAINOS", schimbarea fizică este foarte posibilă. Majoritatea oamenilor cunosc povestea transfigurării de pe munte. A fost un moment uimitor în care Isus le-a arătat celor mai apropiați prieteni ai Săi cine este El cu adevărat în natura Sa divină. El și-a schimbat dintr-o dată forma.

Înfățișarea Lui s-a schimbat dramatic în prezența lor (Mat 17:2, AMP).

Lumina soarelui se revărsa de pe fața Lui și hainele Sale au devenit strălucitor de albe, ca și lumina. În acel moment eu cred că ei au văzut un crâmpei din viitorul nostru ca specie.

Acesta nu a fost singurul moment în care Isus și-a alterat forma fizică. Acest subiect este rareori discutat în viața Bisericii, deși este în mod clar suficient de important pentru a fi menționat în scripturi. Doar gândește-te la următoarele versete stranii din Evanghelii:

Nu au fost capabili să recunoască cine era (Luca 24:16).

Ea credea că El era grădinarul. (Ioan 20:15)

Ucenicii nu știau că era Isus (Ioan 21:4)

Niciunul dintre ucenici nu a îndrăznit să întrebe, "Cine ești?" (Ioan 21:12)

Este un mister pentru mine de ce Isus și-a schimbat înfățișarea în Evanghelii. Mă gândesc că de fiecare dată o astfel de schimbare a arătat un atribut diferit al naturii Sale divine.

Poate ca acest lucru i-a învățat pe prietenii Săi să Îl vadă prin Duhul, nu prin fire. Să Îl recunoască prin intermediul cardiognozei, fiindcă așa operează Cerul.

Istoria a înregistrat multe momente în care Isus le-a apărut deghizat sfinților. Faimosul pionier monastic Sf Martin de Tours[1] a dăruit cândva ultima sa mantie unui cerșetor care nu avea adăpost pe timp de îngheț. Martin a avut mai târziu o viziune cu Isus purtând mantia în Ceruri în timp ce se bucura cu sfinții și îngerii. Isus îi apăruse sub o altă formă, sub forma unui cerșetor umil. Uimitor!

Una din prietenele mele - Lorna, din Scoția - a avut parte de o onoare asemănătoare. Ea L-a întâlnit pe Isus la cafeneaua de la supermarket în ziua când împlinea 50 de ani. Isus arăta ca și un om obișnuit. El a început o conversație cu Lorna și au mâncat pește împreună. Au vorbit o bucată bună de timp și cuvintele Sale erau captivante.

Abia după ce a trecut acel prânz Lorna a realizat că fusese Isus. I-a fost ascuns acest lucru în acel moment. Ce cadou de zi de naștere plin de bucurie! Dumnezeu are un simț al umorului deosebit! Nu ți-ar plăcea și ție să îl vezi pe Isus? Eu cred că poți (Ioan 17:24).

Alte dăți în Scriptură, citim despre alte forme de transformare și mai uimitoare și mai mistice care i s-au întâmplat lui Isus. Aici Ioan L-a văzut cu păr alb și ochi ca para focului:

M-am întors să văd glasul care-mi vorbea. Și, când m-am întors, am văzut ... pe Cineva care semăna cu Fiul Omului, îmbrăcat cu o haină lungă până la picioare și încins la piept cu un brâu de aur. Capul și părul Lui erau albe ca lâna, ca zăpada; ochii Lui erau ca para focului (Apoc 1:12-14)

Ca și cum acest lucru nu ar fi fost îndeajuns de nebunesc pentru o singură experiență, preaiubitul ucenic Ioan L-a văzut mai târziu pe Isus sub forma unui miel cu șapte ochi și șapte coarne. Cu adevărat bizar și înfricoșător.

Și la mijloc, între scaunul de domnie și cele patru făpturi vii și între batrani, am văzut stând în picioare un Miel. Părea junghiat și avea șapte coarne și șapte ochi, care sunt cele șapte Duhuri ale lui Dumnezeu trimise în tot pământul. (Apoc 5:6)

În timp ce privim la El, devenim ca și El. Este posibil să relaționezi atât de adânc cu Domnul încât pentru un timp scurt să îi preiei înfățișarea? E greu de imaginat dar în întregime posibil conform Bibliei:

Noi toți privim cu fața descoperită, reflectând slava Domnului ca și cum am fi oglinzi, și suntem astfel transformați, metamorfozați, în același chip cu al Lui, dintr-o strălucire a slavei în alta, prin Duhul Domnului care înfăptuiește această lucrare (2 Corinteni 3:18, VOI).

Poate asta i s-a întâmplat lui Moise după ce L-a văzut pe Domnul față în față. Citim în unele traduceri mai vechi ca fața lui nu doar strălucea, ci și avea ceva asemănător unor coarne.

Și când Moise a coborât de pe muntele Sinai, el ținea cele două table ale Legii, și el nu știa că fața îi fusese încornorată de la conversația cu Domnul (Exod 34:29, DRB).

Aceasta vine de la cuvântul "qaran" care înseamnă "să emani raze sau să arăți/să-ți crească coarne, să fii încornorat". Unele picturi mai vechi chiar îl arată pe Moise cu aceste coarne neobișnuite.

Nu sunt dogmatic cu privire la aceste lucruri. Este doar ceva foarte interesant și care te face să gândești la ce este posibil. Biblia este mult mai ciudată decât ne dăm seama. Bill Johnson râde când pastorii spun "vreau doar ce scrie în Scripturi". El e ceva de genul, "Ești sigur?!" Biblia e destul de nebunească!

Privind la viețile sfinților, există sute de povești de metamorfozare care menționează în mod frecvent că fețele lor străluceau sau arătau angelice. În povestea următoare, Sfântul catolic Bernardino Realino s-a transfigurat în timpul unui extaz:

O strălucire extraordinară i-a transformat înfățișarea. Unii au declarat că au văzut scântei venind de peste tot de pe corpul lui ca și străfulgerări de foc, în timp ce alții ziceau că strălucirea care venea din înfățișarea sa i-a orbit în mai multe momente în asemenea mod încât ei nu mai puteau să-i distingă trăsăturile și au trebuit să-și ferească privirile de frică să nu le fie afectați ochii.[2]

Ocazional dai peste o poveste de metamorfozare care împinge și mai tare limitele. Aceasta este una din preferatele mele. Vine din viața lui Patrick în Irlanda. Este inspirațională!

Se spune că Sfântul Patrick și oamenii săi călătoreau spre curtea regelui, atunci când el a descoperit că druizii (preoții celți) i-au pregătit o ambuscadă. În timp ce mergeau, Sfântul și anturajul său rosteau Lorica sacră, sau Strigătul Căprioarei, care mai târziu a devenit cunoscută ca și rugăciunea Platoșei Sfântului Patrick, despre care se zice, deși nu știm sigur, că ar fi fost creată de către sfânt. Potrivit legendei, druizii nu l-au văzut pe Sfânt și anturajul său trecând, ci au văzut doar o căprioară blândă urmată de douăzeci de pui.[3]

Eu am văzut în realitate o persoană schimbându-și înfățișarea. Nu la modul dramatic în care s-a întâmplat cu Patrick, dar odată l-am văzut pe un tânăr profet cum s-a schimbat chiar în fața ochilor mei. I-am văzut fața schimbându-se. Arăta ca și fața fizică a lui Isus. Părul i-a crescut mai lung, forma nasului și a ochilor s-a schimbat, i-a crescut o scurtă barbă. A fost uimitor!

Înainte să pot realiza cu adevărat ce se petrece, fața sa originală a revenit la loc. Forma lui Isus a dispărut instant. Am fost atât de uluit încât nu am spus nimănui atunci ce s-a întâmplat, nici măcar acestui tânăr profet. M-a uimit. Cu adevărat o minune!

De atunci am mai întâlnit fenomene asemănătoare de câteva ori. Mi s-a întâmplat chiar și mie. Odată în timp ce slujeam în Țara Galilor, fața mi s-a schimbat în timpul sesiunii de învățătură spre uimirea câtorva dintre vizitatori. Au spus că am arătat ca și o persoană diferită. Mama mea a fost martor la acest moment și a spus că nu arătam ca și mine. I-a fost greu să descrie cum arătam dar a știut că era ceva din partea Domnului. Eu nu eram conștient că mi se întâmpla asta. Eram profund absorbit în Dumnezeu.

Poate asta i s-a întâmplat și lui Ștefan în cartea Faptele Apostolilor:

Toți care stăteau în Sanhedrin se holbau la Ștefan și au văzut ca fața îi arăta ca și fața unui înger. (Fapte 6:15, CJB)

Cumva fața lui Ștefan a arătat diferit. Unele traduceri spun că "ei au privit cu mare concentrare" (AMPC) la el, captivați fiind de înfățișarea lui. Este un verset neobișnuit.

La fel cum se întâmplă în cazul tuturor lucrurilor bune, există variante false care vin de la satan. Lui îi place să fure și să răstălmăcească și să abuzeze lumea spirituală pentru propriile sale scopuri egoiste. Bunul meu prieten lucrător, Grant Mahoney, a fost martor la momentul în care un vraci și-a schimbat înfățișarea. Povestea este înregistrată în unul din podcasturile noastre numit "A fi fiu" ("Sonship" disponibil gratuit online):

Ne aflam în timpul unei călătorii de misiune și am auzit râsete în afara cortului. Am deschis cortul și am văzut o hienă afară. Aproape că am făcut pe mine! Eram patru sau cinci dintre noi în cort și cu toții am văzut hiena. Am mustrat-o și în timp ce toți o mustram am văzut-o transformându-se într-un vraci și fugind. Chestiile astea sunt reale!⁴

Ei pot să fie capabili să facă anumite lucruri la fel ca și magicienii Egiptului (vezi Exod 7:8-11), dar vine o vreme în care fiii îi vor depăși în abilități în toate domeniile. Ei vor fi forțați să recunoască:

Acesta este degetul (supranatural) al lui Dumnezeu (Ex 8:19, AMP).

Deschizătorul de drumuri Grant Mahoney este unul din cei care începe să arate deja aceste lucruri. Înainte să citești povestea următoare, vreau ca tu să știi că Grant este un om integru care umblă într-o relație strânsă și apropiată cu Tatăl ceresc. La el totul este despre Isus. El este o persoană în care eu am încredere. Eu cred relatarea sa.

Sunt lucruri pe care le vom face care îi vor speria peste măsură pe oameni... În propria mea viață mie mi s-a întâmplat acest lucru de șase ori. De fiecare dată din același motiv - în momente în care femei erau pe punctul de a fi violate. Am fost acolo (în Duhul) și m-am transformat într-un urs și le-am venit de hac violatorilor.

Și s-a mai întâmplat cu alte două ocazii când viața mi-a fost pusă în pericol. M-am transformat din nou într-un urs și amenințarea a plecat. Am ceva cu care să măsor sau cu care să compar ceea ce mi s-a întâmplat? Nu. Pur și simplu s-a întâmplat. Nu am nicio explicație pentru asta.

Uimitor! Aceasta este dreptate. Salvare. Mântuire. Eliberare. Sună a ceva de natură cerească pentru mine!

Grant nu este singurul care a avut experiențe de schimbare a formei. Am întâlnit pe alții în călătoriile mele care au avut manifestări similare. Au cerut să rămână ascunși, preferând anonimatul, poveștile lor fiind secrete. Onorez acest lucru.

Îmi dau seama cât de tare te întinde acest subiect. Biblia însăși depune mărturie că urmează să se întâmple lucruri noi pe care "ochiul nu le-a văzut și la urechea omului nu s-au suit" (1 Corint 2:9). Noi trebuie să ne ajustăm traiectoriei Porumbelului în timp ce acesta se aventurează de pe căile deja cunoscute înspre noi teritorii. Ține minte, "cu Dumnezeu, TOATE LUCRURILE sunt posibile" (Mat 19:26)

În experiențe profetice, mi-au fost arătate unele din schimbările viitoare. Am văzut că unii misionari vor fi teleportați în națiuni musulmane într-o secundă, apărând în fața mulțimilor și arătând ca și cum ar fi de aceeași etnicitate cu ele și vorbind aceeași limbă cu cei din acel loc. Vor exista din nou dovezi convingătoare ale învierii care îi vor aduce pe mulți fii la slavă.

Într-o viziune ca o transă, Domnul mi-a arătat o Ființă Luminoasă maiestoasă. De forma unei persoane, scânteia cu energie colorată.

Arăta ca niște scântei vii de chihlimbar, mișcându-se cu grația muzicii. Funde de lumină și culoare. Am știut atunci când am văzut-o că nu mai exista nimic asemănător cu ea. Era unică. Eram într-o stare de uluire privind la ea. Năucit.

Domnul a spus "Știi ce e asta?" Nu știam. "Este frumusețea spiritului uman." A făcut o pauză ca să îmi dea voie să diger această informație. Apoi a spus următoarea frază de efect, "Spiritul uman are o capacitate nelimitată de a crește."

Implicațiile mi-au străpuns inima. Am văzut prin revelație că vom continua să creștem și iar să creștem, chiar dincolo de îngeri și alte lucruri create. Că noi suntem bijuteria coroanei cosmosului. Mireasa Lui. Nimic asemănător nu mai există.

I-am cerut Domnului să îmi dea un verset care susține acest lucru. Chiar dacă imaginea era foarte puternică îmi place să întâlnesc orice realitate și în Cuvânt. Am descoperit că Tăticul meu este bucuros să îmi dea versete. El a zis, "Asta e ușor; 1 Ioan 3:2!" care (parafrazat) spune:

Dar acum noi suntem fii de Dumnezeu... dar ceea ce vom fi, nu s-a arătat încă!

Wow! Acum noi suntem fii, dar ceea ce vom fi, nu știm încă. Gândește-te la asta. Niciunul dintre noi nu știe ce ne așteaptă cu adevărat. Viitorul nostru este glorios. Iubesc asta!

Citește din nou în versiunea The Message:

Dar prieteni, asta e exact cine suntem: copii de Dumnezeu. Și acesta este numai începutul. Cine știe ce vom ajunge! Ceea ce știm este că atunci când Hristos este revelat în mod deschis, Îl vom vedea - și văzându-l, vom deveni ca și El. Noi toți care așteptăm venirea Lui stăm pregătiți, cu puritatea strălucitoare a vieții lui Isus ca și model pentru propria noastră viață.

Tot ceea ce știm este că trupul nostru de acum este doar o sămânță. Copacul va fi cu mult mai măreț.

Există de asemenea corpuri cerești și corpuri pământești; dar gloria celui celest este una, și gloria celui pământesc este alta. Există o slavă a soarelui, o altă slavă a lunii, și o altă slavă a stelelor; pentru că o stea diferă de o altă stea în slavă...

Primul om a fost din pământ, făcut din țărână; al doilea Om este Domnul din ceruri. La fel cum a fost omul din țărână, tot așa sunt aceia făcuți din țărână; și așa cum este Omul ceresc, tot așa sunt aceia care sunt cerești. Și așa cum am purtat înfățișarea omului din țărână, noi vom purta și înfățișarea Omului ceresc. (1 Corint 15:40-49)

Este prea mult pentru noi ca să ne putem imagina! Nu e de mirare că ne îmbătăm de bucurie! Evanghelia pur și simplu devine tot mai măreață pe măsură ce bei din ea!

Noi stăm complet identificați în noua creație, înnoiți în cunoaștere potrivit cu modelul IMAGINII EXACTE a Creatorului nostru (Col 3:10, MIR).

Trupurile noastre nu ne mai pot defini.

TRANSFERURI DIMENSIONALE

"Dumnezeu vrea ca noi să înțelegem și să credem că noi suntem cu adevărat mai mult în ceruri decât pe pământ." (Julian de Norwich)[1]

Prin design-ul lui Dumnezeu, orice limitare umană pe care ne-am imaginat-o va fi depășită prin noi pionieri spirituali. La fel cum s-a întâmplat în trecut în revoluția industrială, noi ne aflăm într-o revoluție tehnologică spirituală care în cele din urmă va duce mai departe Pământul într-o epocă glorioasă de pace și progres.

Una din limitările care urmează să fie depășite este faptul că trupurile noastre fizice sunt captive în planul dimensional vizibil. Până acum a fost ceva normal ca trupurile noastre să rămână aici în timp ce duhurile noastre s-au mișcat în Ceruri sau peste Pământ. Acest lucru urmează să se schimbe.

Chiar de la început noi am fost creați să fim multidimensionali. Precum "scara lui Iacov" noi reprezentăm Porți și Uși (la plural) spre multiple planuri dimensionale existențiale:

Porți mărețe: ridicați-vă capetele! Poți veșnice, ridicați-vă până sus! (Psalm 24:7, CEB)

Enoh este un model cheie pentru perioada de acum. El a fost al șaptelea născut după Adam. Șapte este numărul sfârșitului, al împlinirii, al odihnei, al Divinității. Enoh și-a găzduit trupul în Duhul. El a fost luat în Cer pentru lungi perioade de timp. În cele din urmă a dispărut din lumea văzută. El a fost transferat prin multe dimensiuni prin credință.

PRIN CREDINȚĂ Enoh a fost luat (NKJV)... răpit (AMP)... transportat (DAR)... înlăturat (DLNT)... transportat (KJV) (Heb 11:5).

În cele din urmă, Enoh a sărit peste moarte și acum trăiește ca și "Unul Veșnic Viu". Străvechi dar cu toate acestea proaspăt ca și un tânăr. Transformat în trup, suflet și spirit. Transcendental.

El ne arată puțin din ceea ce înseamnă să trăiești ca și "Om Kainos" - nemuritor, veșnic tânăr, transdimensional și plin de Duhul. Enoh ne arată că este posibil să transcenzi moartea.

Până acum, Biserica a fost mai mult închisă, conținută între limitele acestei dimensiuni mai joase. Captivă lumii văzute. Corpurile noastre au rămas limitate. Acest lucru urmează să se schimbe!

Haide să explorăm acest lucru. Cât de departe putem ajunge?

Uitându-ne din nou la Modelul perfect Isus Hristos, vedem câteva lucruri foarte interesante. Isus se mișca între dimensiuni atât în duh cât și în corp. El avea abilitatea să își scoată corpul din dimensiunea vizibilă în cea invizibilă după nevoi.

În următoarea poveste din Evanghelia după Ioan, citim despre o mulțime religioasă furioasă care voia să îl ucidă pe Isus. Mulțimea era atât de înfuriată încât au pus mâna pe pietre ca să îl ucidă pe Isus înăuntrul templului. Nu exista niciun loc în care să se ascundă! Nici unul în care putea să fugă! Isus era blocat. Înconjurat! Cum a reușit să iasă din această situație?

Au luat pietre ca să le arunce în El; dar Isus S-A ASCUNS (Ioan 8:59)

Au luat pietre ca să le azvârle înspre El, dar Isus A DISPĂRUT (PHI).

El a scăpat de mulțimea furioasă dispărând. El a trecut dintr-o dimensiune în alta. La fel ca și îngerii, El se afla în continuare pe pământ dar nu în aceeași lume! Pun pariu că s-a întâmplat atât de rapid încât oamenii nu au apucat să proceseze mental ce au văzut. Erau înmărmuriți!

Nu numai că Isus a dispărut, dar în această stare neobișnuită el a fost capabil să treacă direct prin obiecte solide și chiar și prin oameni.

Mergând prin mijlocul lor, și așa a trecut de ei (YLT).

Aceasta este forța de neoprit a vieții trăite din "Cărțile Cerului" (vezi Psalm 139:6). Nu era timpul Său de a muri. Nu putea fi oprit înainte de cruce. El trăia în aliniere cu Cerul. Un adevăr mai înalt chiar și decât lumina vizibilă.

Acesta nu a fost singurul moment când Isus a făcut acest lucru. Isus a înnebunit mulțimile religioase cu învățăturile Sale! El nu spunea ceea ce ei își doreau să audă și îi provoca în adâncul sufletelor lor. Îi făcea furioși ("plini de mânie"). Odată L-au apucat și L-au aruncat afară din oraș. Privește ce s-a întâmplat în următoarele momente:

S-au sculat și L-au aruncat afară din oraș; și L-au dus la marginea dealului pe care orașul lor era construit, ca să Îl arunce de pe stâncă (Luca 4:28-30).

Nu poți trece cu blândețe printr-o mulțime de religioși însetați de sânge. Erau aprinși și gata să omoare. Cu siguranță a fost un moment foarte dramatic. Oare ucenicii Săi au crezut că acesta este sfârșitul lui Isus? Acesta era finalul?

Imaginați-vă șocul lor în momentul în care Isus a trecut dintr-o dimensiune în alta din nou! A fost El invizibil sau parțial vizibil? Arăta ca și o fantomă? Tot ce știm este că a trecut PRIN ei.

Apoi trecând prin mijlocul lor, El a mers mai departe (Luca 4:30).

Asta sună atât de plăcut… trecând prin ei. Isus probabil că i-a speriat de moarte!

(De ce nu arată asta niciodată în filmele de la Hollywood despre Isus?)

Altă dată, Isus nu numai că a trecut dintr-o dimensiune în alta, ci el a defazat atât de tare încât a ajuns să arate eteric precum o fantomă și a devenit antigravitațional! Chiar și gravitația a devenit un adevăr mai puțin valabil.

Când ucenicii l-au văzut pe Isus umblând pe ape, au crezut că este o fantomă și au început să strige. Cu toții L-au văzut și au fost înspăimântați. Dar în același timp El a spus: "Nu vă îngrijorați! Sunt Isus. Nu vă temeți." (Marcu 6:49, CEV)

El a arătat precum o fantomă - transparent, ca și cum nu era cu adevărat acolo, transdimensional!

În timp ce bem tot mai adânc din uniunea pe care o avem cu Esența Divinității, lucruri tot mai frumoase și mai uimitoare li se vor întâmpla corpurilor noastre. Frecvența corpurilor noastre se va schimba și noi vom descoperi că noi nu suntem cu adevărat "de aici", noi nu suntem "din această lume".

Eu numesc acest lucru "Ascunși aici și descoperiți dincolo".

Așa cum englezoaica mistică Julian de Norwich a spus "Noi ne aflăm mai mult în Cer decât pe Pământ".

A dispărea implică să ne mutăm corpul într-o lume din altă dimensiune. Este locul unde umblă îngerii. Unde "Norul de martori" poate fi văzut. Ne înconjoară. Acoperă totul.

Poate o să te surprindă acest lucru dar unii sfinții ȘTIAU cum să TREACĂ dintr-o fază a realității în altă fază în felul acesta după bunul plac. Ei înțelegeau tehnologia spirituală din spatele acestui lucru. Unul din acești sfinți care a dispărut este Francis de Paola. El a fost cunoscut pe timpul vieții sale ca un mare lucrător de miracole. În această relatare, Francis s-a găsit împresurat de credincioși entuziasmați după ce l-a vizitat pe guvernator. Era blocat în mulțimea incontrolabilă de oameni.

Pe când era pe picior de plecare, oamenii au înconjurat palatul guvernatorului ca să îl vadă și să fie aproape de el. Entuziasmul lor covârșitor pentru Sfânt era manifestat prin ruperea de bucăți din hainele sale - acțiune pe care în mod surprinzător sfântul o permitea.

Dumnezeu refăcea veșmintele sale în ritmul în care îi erau sfâșiate. Privitorii erau uimiți să vadă că după ce un număr mare de oameni au rupt bucăți din pelerina și tunica sa, amândouă erau în continuare în mod miraculos întregi.

Descoperind că era imposibil să-și facă drum prin mulțimea care era strâns înghesuită în piață, și fiind întrucâtva rușinat de adulațiile ei, Sfântul a dispărut dintr-o dată din fața oamenilor, spre marea lor confuzie. Într-un moment el era acolo și în următorul moment nu mai era. Însoțitorii lui, spre marea lor uimire, l-au găsit așteptându-i în afara zidurilor cetății, pregătit să își înceapă călătoria.[2]

Iubesc umilința sfinților, ei nu căutau faima ci trăiau pentru gloria lui Dumnezeu.

Sfântul Gerard Majella este un alt sfânt catolic foarte iubit. El a trăit o viață KAINOS și a manifestat o mare putere. Urmează o altă poveste din cartea inspirațională a autoarei Joan C. Cruz, *Mysteries, Marvels and Miracles in the lives of the saints (Mistere, Minuni și Miracole în viețile Sfinților)*, o carte pe care o recomand cu fervoare.

Într-o zi la mănăstire la Caposele sfântul a primit permisiunea să se retragă timp de o zi pentru rugăciune și meditație în camera lui. Puțin mai târziu, Părintele rector a avut nevoie de el și a trimis pe cineva să îl aducă. Sfântul nu a putut fi găsit, deși toată lumea din mănăstire l-a căutat. Dr Santorelli, medicul mănăstirii din perioada respectivă, a remarcat, "L-am pierdut pe Fratele Gerard!"

Dr Santorelli a luat pe unul din călugări cu el pentru încă o căutare și a mers în camera Sfântului, care măsura 9 metri pătrați. Camera avea doar un pat sărăcăcios și o mică masă, fără nicio altă mobilă care să împiedice să fie văzut. Era de negăsit.

În final, unul din frați a realizat că Sfântul cu siguranță se va întoarce la timpul Sfintei Comuniuni, așa că s-au pus pe așteptat.[3]

Ha! Iubesc asta. Comuniunea este momeală pentru sfinți! Garantat să îi scoată din ascunzătoare!

Povestea continuă:

Exact după așteptări Sfântul a fost văzut în acel moment al comuniunii. Când a fost întrebat unde a fost, Sfântul a răspuns "În camera mea". Când religioșii i-au spus Sfântului despre diversele locuri în care l-au căutat, el nu a răspuns nimic. Apoi sub porunca de a spune ce s-a întâmplat, Sfântul a explicat "Temându-mă să nu fiu distras în retragerea mea, i-am cerut lui Isus Hristos să îmi dea harul să devin invizibil."

Dr Santorelli era în continuare foarte curios și a insistat ca Sf Gerard să îi dea mai multe răspunsuri.

Luându-l pe doctor de braț, Sfântul l-a dus în chilia sa și i-a arătat micul scaun pe care el stătuse în tot acel timp în care ei îl căutaseră. Apoi Sfântul i-a șoptit doctorului "... câteodată mă fac pe mine însumi foarte mic."

Acest miracol a devenit atât de cunoscut pe plan local, încât copiii mici ziceau "hai să ne jucăm de-a Fratele Gerard" și mergeau să se joace de-a v-ați ascunselea. Ți-ai putea imagina așa ceva astăzi? Eu pot. Eu sunt convins că urmează astfel de lucruri. Noi vom rămânea din nou uimiți.

De fapt, în unele locuri astfel de minuni au început deja. Poate că tu ai citit despre fratele Yun din China? În cartea sa *Omul ceresc*, Yun împărtășește o poveste absolut uimitoare despre cum el a scăpat din închisoare:

Cumva Domnul părea să îl orbească pe gardian. El se uita direct la mine, și cu toate acestea ochii lui nu înregistrau prezența mea deloc. Mă așteptam ca el să spună ceva, dar el doar se uita prin mine ca și cum eram invizibil. El nu a rostit niciun cuvânt. Am continuat să merg trecând de el și nu m-am uitat înapoi. Știam că aș putea fi împușcat în spate în orice moment... am continuat să cobor scările, dar nimeni nu m-a oprit și niciunul dintre gardieni nu mi-a adresat un cuvânt!"[4]

În mod uimitor, ziua în amiaza mare el a trecut de mai mulți paznici care stăteau chiar în fața porții principale de intrare. Niciun om nu a reușit până atunci să scape din acea închisoare de înaltă securitate. Era un miracol.

Această trecere între dimensiuni nu este rezervată doar Bisericii persecutate din China. Se întâmplă de asemenea în lumea occidentală. În cartea sa *Supernatural Transportation (Transport Supranatural)*, Michael Van Vlymen împărtășește un moment incredibil, când a trecut printr-o mulțime de oameni. Michael scrie:

Îl căutam pe Domnul într-o seară (în rugăciune) când dintr-o dată am descoperit că sunt la locația unui concert în aer liber care avea loc nu departe de casa noastră. Erau acolo mulți oameni tineri care erau în mod evident beți sau drogați sau amândouă. Am văzut mulțimi de oameni mergând în direcția mea și am simțit că ar trebui să o iau în direcția opusă așa că am făcut asta. La început am încercat să mă mișc și m-am întors pe lateral ca să încerc să navighez prin mulțimea de oameni, dar am realizat că de fapt treceam prin oameni. În timp ce am realizat asta, nici măcar nu am mai încercat să îi evit. Pur și simplu am trecut prin ei. Am observat că mulți oameni erau vizibil supărați că experimentau așa ceva și m-am gândit că ei probabil credeau că este un efect al alcoolului sau drogurilor.[5]

De ce ar iniția Dumnezeu un act atât de bizar? Michael crede că a fost pentru a-i trezi pe oameni din adicțiile lor. A fost de fapt o manifestare puternică a harului ca să trezească inimi adormite. Eu cred asta.

Cred că acest tip de semne și minuni o să apară tot mai des. Noi intrăm în zile de șoc și minunare. Bucuria și frica lui Dumnezeu vin peste noi din nou, așa cum Osea a profețit:

O să se teamă de Domnul și de bunătatea Lui în zilele din urmă (Osea 3:5, NKJV).

De fapt, deja se întâmplă. Deschizătoarea de drumuri Nancy Coen a fost odată trimisă de Duhul într-un club de noapte satanist. Era unul din cele mai întunecate locuri pe care ți le poți imagina, plin de oameni demonizați. Toată lumea s-a întors să se uite la Nancy. Stând acolo în fața mulțimii, ea a început să plângă și să geamă în mijlocire adâncă pentru oameni. Nancy a simțit tânjirea creației trecând ca un ecou prin toata ființa ei (vezi Romani 8:22). Tot ce a făcut Nancy a fost să plângă. Ea a ieșit din acel club crezând că a eșuat.

Doi ani mai târziu Nancy a întâlnit-o pe fosta mare preoteasă a acelui club de noapte. Ea i-a spus lui Nancy ce s-a întâmplat cu adevărat. În timp ce plângea, Nancy a dispărut complet și a reapărut sub forma unei lumini strălucitoare orbitoare în fața sataniștilor. Lumina supranaturală a lasat-o complet oarbă pe marea preoteasă.

Prietenii ei s-au panicat și au vrut să o ducă la urgențe. Cu toate acestea, ea a știut că e vorba de Isus. A fost dusă în schimb acasă și acolo Dumnezeu a vindecat-o și a eliberat-o. În cursul următorilor doi ani, această femeie transformată i-a condus pe majoritatea sataniștilor din acel club la Isus. Ea acum se mișcă puternic în lucrarea profetică. Uimitor![6]

Această eră nu va fi pur și simplu aceeași afacere obișnuită de până acum.

Primul Adam a primit viață,

Ultimul Adam este un Duh care dă viață (1 Corint 15:45, MSG).

Implicațiile Evangheliei sunt masive.

Moartea va fi înghițită de Viață.

INEDIA: POSTUL PRELUNGIT

**În timpul acesta, ucenicii Îl rugau să mănânce şi ziceau:
"Învăţătorule, mănâncă!"
Dar El le-a zis: "Eu am de mâncat o mâncare pe care voi n-o
cunoaşteţi." Ucenicii au început să-şi zică deci unii altora: "Nu
cumva I-a adus cineva să mănânce?"
(Ioan 4:31-33)**

Ai început deja să întrezăreşti miracolul Evangheliei? Este uimitor. Nu vom înceta niciodată să ne bucurăm de ea. Nu vom înceta niciodată să o explorăm. Îngerii se tot minunează de ea!

Cu cât am experimentat rugăciunea mistică mai mult şi cu cât am relaţionat cu locurile cereşti, cu atât a trebuit să reexaminez multe presupuneri pe care le aveam cu privire la corp, minte, duh, distanţă, dimensiuni, intelect şi altele.

În viaţa unită cu Hristos ceva minunat şi de nedescris ni s-a întâmplat fiecăruia dintre noi. Abia începem să realizăm implicaţiile Evangheliei. Am fost cu totul redefiniţi în Hristos. Gândeşte-te la asta:

Termenii co-crucificat şi co-viu mă definesc acum. Hristos în mine şi eu în El! (Gal 2:20, MIR)

Definiţiile umane nu ni se mai aplică. Ceea ce am fost înainte e încheiat şi dispărut. A fost co-crucificat şi a murit. Noul Co-Viu a sosit!

În lumina Evangheliei, să Îi dăm voie lui Dumnezeu să desfacă vechiul mod de a gândi şi să ne înnoiască minţile. Modul în care gândim schimbă lumea pe care o vedem. Există mai multe posibilităţi de explorat.

Haideţi să ne uităm la o altă schimbare provocatoare pentru noi. Vreau să abordez ideea de dependenţă de sursele de hrană pământeşti - adică de apă şi mâncare.

Haideţi să reexaminăm ce înseamnă să trăieşti "dincolo de limitările umane", începând cu întâmplarea cu Isus şi femeia de la fântână. Am discutat despre această poveste în capitolul despre "Cunoașterea Insuflată". De data aceasta vreau să mă concentrez pe un alt unghi al poveștii. Așa cum bine știți, în această întâmplare Isus a petrecut timp restaurând o femeie rănită. Ea era uimită de ce s-a întâmplat și a fugit să spună celor din orașul ei.

Atunci au venit ucenicii Lui și se mirau că vorbea cu o femeie. Totuși niciunul nu I-a zis: "Ce cauți?" sau: "Despre ce vorbești cu ea?"

Atunci femeia și-a lăsat găleata s-a dus în cetate și a zis oamenilor:

"Veniți de vedeți un Om care mi-a spus tot ce am făcut; nu cumva este Acesta Hristosul?"

Ei au ieșit din cetate și veneau spre El.

În timpul acesta, ucenicii Îl rugau să mănânce și ziceau: "Învățătorule, mănâncă!"

Dar El le-a zis: "Eu am de mâncat o mâncare pe care voi n-o cunoașteți."(Ioan 4:27-32)

Isus a trecut de la a fi "obosit după călătorie" la a avea dintr-o dată o energie supranaturală Divină. Ucenicii Îl cunoșteau bine pe Isus și puteau vedea că este înviorat. Au întrebat "I-a dat cineva să mănânce?" Erau surprinși (Ioan 4:1-42).

Noi știm că lui Isus îi plăcea să se bucure de mâncare și El era mai fericit decât oricine altcineva (Evrei 1:9). El putea să mănânce și să bea și iubea foarte mult timpul petrecut la mese. El a fost acuzat că era un băutor de vin (adică un bețiv, un băutor constant) de către cei religioși (Luca 7:34). Cu toate acestea, se pare că mâncatul era pentru bucurie, nu esențial pentru viață. Isus putea trăi fără asta:

Eu am o hrană de mâncat pe care voi nu o cunoașteți.

Există un secret mistic aici. Nu îl rata.

În acel moment de poposire la fântână, în ascultare de Tata, Isus a fost insuflat cu Viața Duhului. El a spus:

Hrana mea este să fac voia Celui care M-a trimis, și să îi sfârșesc lucrarea (Ioan 4:34).

Isus era plin și satisfăcut prin împlinirea voii Tatălui! Săturat prin bucurie!

Această posibilitate există și pentru noi. Noi putem trăi dincolo de dependența de mâncare. Știu că este șocant, dar continuă să citești. Lasă-mă să îți explic.

Această posibilitate KAINOS numită inedia nu este despre a pierde ceva. Nu! Este despre a te HRĂNI DIN BELȘUG dintr-un alt Tărâm! Noi mâncăm și bem dintr-o Realitate Ascunsă. Noi am accesat Copacul Vieții! (Apoc 2:7) Noi suntem GRAȘI și BUCUROȘI datorită grăsimii Mielului!

Hristos, Mielul lui Dumnezeu, a fost tăiat pentru noi.

Așa că haideți să ne HRĂNIM DIN EL (1 Corint 5:7-8, TLB).

Pentru că într-adevăr Hristos, Mielul nostru pascal, a fost sacrificat pentru noi.

Prin urmare haideți să continuăm să MÂNCĂM DIN BELȘUG (1 Corint 5:7-8).

Ei vor fi satisfăcuți din belșug cu grăsimea casei Tale (Psalmi 36:8, DAR).

Ei savurează și mănâncă pe săturate (Ps 36:8, AMPC).

Iubesc Evanghelia Grasă și Untoasă a lui Isus Hristos! Este unul din mesajele mele favorite atunci când călătoresc. Evanghelia este un OSPĂȚ mistic, nu un post. Trupul Său este cu adevărat mâncare.

Isus le-a zis, "Eu sunt Pâinea Vieții. Cel ce vine la mine nu va flămânzi niciodată și cel ce crede în Mine nu va înseta niciodată… fiindcă trupul Meu este cu adevărat o hrană și sângele Meu este cu adevărat băutură. Cel care îmi mănâncă trupul și care îmi bea sângele rămâne în Mine și Eu rămân în el. (Ioan 6:35-58)

Pe măsură ce generația aceasta realizează (mai mult ca oricare alta) mesajul lucrării terminate a lui Isus Hristos și promisiunea uniunii mistice conținută în Evanghelie, noi ne vom maturiza și vom începe să trăim din consecințele împlinite ale realității de a fi co-incluși în Hristos.

Când ne unim cu El, imposibilul devine posibil.

La fel ca și Moise pe munte care a stat în norul negru al prezenței timp de săptămâni, noi vom descoperi că prezența ne susține corpurile mai mult decât orice are lumea vizibilă de oferit.

Moise a intrat în mijlocul norului și s-a suit pe munte. Moise a rămas pe munte patruzeci de zile și patruzeci de nopți (Exod 24:18).

Există energie în uniunea cu Creatorul nostru. În El, noi putem accesa VIAȚĂ NELIMITATĂ.

Eu am experimentat mici momente de așa ceva. Înrâuriri bruște de energie supranaturală care au ținut timp de mai multe zile. M-am trezit plin de Viață și a trebuit să alerg ca să ard energia ei. Adesea în timp ce predic, acest fel de energie mă face să umblu înainte și înapoi și uneori să alerg în jurul încăperii, scoțând strigăte de bucurie în încercarea de a elibera puțin din extazul interior. Am fost adesea mai energizat la finalul nopții decât la începutul ei.

În luarea cu grijă a elementelor mistice ale Comuniunii în Duhul, descopăr că devin în mod profund conștient de Dumnezeu. Am simțit o plinătate, o stare de bine interioară, care e greu de pus în cuvinte. Este ca o senzație expansivă de a fi umplut cu perfecțiune. Perfecțiunea Dragostei.

În anumite momente orice apetit pentru mâncare pare să se dizolve și să devină lipsit de însemnătate. Am refuzat adesea invitația pentru a lua masa după conferință seara. Învăț să onorez această senzație, în loc de a mă scutura de ea cu comportament omenesc programat.

Sper ca această curgere a Vieții va continua să crească în mine până când voi ajunge să stau timp de săptămâni sub influența energiei Divine la fel ca și sfinții. Există și un cost pentru acest lucru. Trebuie să alegi să trăiești în Hristos. Să te întorci înspre dragostea Lui. Să trăiești în conștientizarea prezenței Sale.

Mulți dintre sfinți înțelegeau asta. Ei au găsit "secretul mistic al lui Dumnezeu care este Hristos" (Coloseni 2:2, AMPC). În cartea genială a lui John Crowder, *The Ecstasy of Loving God (Extazul de a-L iubi pe Dumnezeu)*, John scrie despre această Inedia supranaturală întâlnită în istoria Bisericii:

Din punct de vedere medical este imposibil să continui fără să bei apă mai mult de 4 zile, fără a experimenta deshidratare și moarte. Dar misticii bisericii, în mod special cei care au experimentat extaz intens, au trecut printr-o inedia care ar fi fost imposibil de crezut dacă nu ar fi fost atât de bine documentată. Alexandria Maria da

Costa a trăit din data de 27 martie 1942 până la moartea ei pe data de 13 octombrie 1955 luând doar Comuniune în fiecare zi. Asta înseamnă mai mult de 13 ani! Mistica și stigmata nemțoaică Therese Neumann (1898-1962) este probabil cel mai uimitor exemplu modern. Ea a trăit timp de 40 de ani fără mâncare și mai mult de 35 de ani fără apă, în afara Comuniunii. Atât ea cât și Alexandria nu au experimentat niciun efect advers în urma acestui post, iar trupurile lor nu au eliminat urină sau scaun.[1]

Am citit multe relatări despre Părinții Deșertului și despre sfinții celți care trăiau singuri pe mici insule sau în locuri sălbatice, trăind pe cea mai restrictivă dietă posibilă, uneori consumând doar o singură masă mică pe zi, fără să sufere niciun efect advers.

În următoarea poveste sfântul Brendan și prietenii săi au fost călăuziți într-o călătorie de Domnul înspre o insulă mică. Acolo ei au găsit un bărbat foarte bătrân care trăia susținut de Dumnezeu.

Când Brendan a ajuns pe vârful insulei, el a văzut două peșteri cu o cascadă în fața lor. În timp ce stătea în fața lor, un bărbat foarte în vârstă a venit înspre el. "Bine este ca frații să locuiască împreună", a spus el și l-a încurajat pe Brendan să îi cheme pe ceilalți bărbați din barcă.

Când au venit, bătrânul i-a salutat și i-a sărutat și i-a chemat pe fiecare pe nume pe rând. Brendan era atât de uimit de înfățișarea bărbatului, care era plină de slavă, și de faptul că el le cunoștea numele, încât a plâns și a suspinat zicând "nu sunt vrednic să port straiele de călugăr".

Brendan l-a întrebat pe Paul (pustnicul) cum a ajuns el pe insula aceea și de unde venea. Paul a răspuns "Am crescut în mănăstirea Patrick timp de 50 de ani. Am fost pus ca administrator peste cimitirul fraților. Abatele meu a arătat într-o zi spre mare și mi-a spus 'mâine du-te acolo și vei găsi o barcă care te va duce într-un loc unde vei rămâne până în ziua morții tale.'

Am făcut precum mi-a zis și timp de trei zile am vâslit și apoi am dat drumul la vâsle și am lăsat barca să plutească în derivă timp de 7 zile și am lăsat-o să fie dusă de Domnul. Astfel am ajuns la această insulă și aici am rămas, dăruindu-mă rugăciunii și mijlocirii." Paul a continuat, "În prima zi o vidră a venit și mi-a adus un pește

să mănânc. După aceea vidra a continuat să vină tot a treia zi şi mi-a adus acelaşi lucru. Râul şi cascada au adus apă, şi am fost aici până la 90 de ani, şi 50 cu Patrick. Acum la 140 de ani încă îmi aştept ziua când voi da socoteală." [2]

Nu este asta uimitor?! Mă simt provocat de fiecare dată când citesc aceste relatări. Aceşti oameni au trăit sută la sută pentru Dumnezeu, lăsându-se absorbiţi complet în El. Trăind în uniune cu Cerul şi Pământul.

Cred că este timpul ca noi să ne schimbăm! Eu vreau să fiu LIBER!

În anii 1980 Fratele Yun (supranumit cu drag"Omul Ceresc") a fost băgat la închisoare şi bătut aproape până la moarte. În condiţii mizerabile el a postit de apă şi mâncare timp de 74 de zile. Întreaga închisoare şi serviciile de securitate erau conştienţi de acest miracol incredibil.[3]

Atunci când mamei sale şi soţiei li s-a permis într-un final să îl vadă, Yun le-a spus că îi este foame. Ele au crezut că se referă la mâncare. Dar el a spus că este înfometat şi însetat după suflete. Aceasta este setea la care se referea Isus pe cruce. Tânjea ca omenirea să fie reconciliată.

Modelul este Hristos. Ca şi Cel Înviat, mai are oare nevoie Isus să fie susţinut de mâncare pământească? Noi ştim că Isus este capabil să o mănânce şi să se bucure de ea. Biblia arată că El a mâncat împreună cu ucenicii după înviere:

Fiindcă ei, de bucurie, încă nu credeau şi se mirau, El le-a zis: "Aveţi aici ceva de mâncare?"

I-au dat o bucată de peşte fript şi un fagure de miere.

El le-a luat şi a mâncat înaintea lor (Luca 24:41-43).

Mâncarea este bună. Noi suntem liberi să o mâncăm şi să ne bucurăm de ea, dar nu trebuie să fim limitaţi de ea.

Începe să se arate o cale mai înaltă. După voia Domnului, după permisiunea lui Dumnezeu, o generaţie va transcende limitele umane, chiar şi vechea nevoie pentru mâncare şi somn. Noi vom manifesta o Viaţă ascunsă mai înaltă, Divină, care va susţine viaţa mai joasă vizibilă.

Tu pregăteşti o masă pentru mine în faţa duşmanilor mei (Ps 23:5).

Celui ce va birui îi voi da să guste din Pomul Vieții, care se află în mijlocul Paradisului lui Dumnezeu (Apocalipsa 2:7).

Celui ce îi este sete îi voi da să bea fără plată din izvorul apei vieții (Apoc 21:6).

Acesta este modul KAINOS de a trăi și gândi, crezând că chiar și acum noi putem "gusta din puterea veacului viitor" (Evrei 6:5). Noi putem manifesta viitorul aici și acum.

Chiar dacă nu avem încă manifestarea întregului pachet, nu ai vrea să afli cât din toate acestea putem vedea acum? Cât de departe putem merge? Eu știu că doresc să văd schimbare în mine.

Vă prorocesc vouă, celor ce citiți această carte cu inimi ca de copii.

El mă călăuzește la ape de odihnă. El îmi înviorează sufletul (Ps 23:1-3).

Spun asta unei generații care s-a îndrăgostit de Păstor - noi vom găsi Sursa Vieții. În cele din urmă, va exista un grup de oameni care vor trăi veșnic.

După cum Tatăl, care este viu, M-a trimis pe Mine, și Eu trăiesc prin Tatăl, tot așa, cine Mă mănâncă pe Mine va trăi și el prin Mine. Aceasta este pâinea care s-a coborât din ceruri - nu precum mana pe care au mâncat-o părinții voștri, care acum sunt morți. Cel ce va mânca din pâinea aceasta va trăi veșnic (Ioan 6:57).

Inedia nu poate fi îndeplinită prin formule omenești, postire naturală sau prin forța voinței noastre interioare. Nu! Te rog să nu faci asta! Precum Isus a zis:

Eu nu pot face nimic de la Mine însumi (Ioan 5:30).

Trăind în uniune mistică, sfinții au găsit curgerea susținătoare a Vieții:

Pentru că la Tine este fântâna (izvorul) vieții (Ps 36:9).

și din nou,

Dar oricui va bea din apa pe care i-o voi da Eu, în veac nu-i va fi sete; ba încă, apa pe care i-o voi da Eu se va preface în el într-un izvor de apă care va țâșni în viața veșnică (Ioan 4:14).

Sfânta Catherine de Sienna[4] era atât de plină de Dumnezeu, încât i se părea aproape imposibil să mănânce! De fapt mâncatul îi provoca rău. Ea și-a pierdut complet apetitul și trăia dintr-o porție mică de Comuniune luată zilnic.

Cred cu pasiune că este pe cale să se nască un grup de oameni care va trăi în realitate acest mesaj. Nu prin eforturi omenești vechi ci pentru că ei sunt atrași în viața KAINOS dincolo de văl. Putem foarte bine să mâncăm, dar nu vom mai fi ținuți în viață în același fel. Noi vom sparge captivitatea.

Mai mult de atât, unii vor fi atât de plini de viață, încât vor trăi dincolo de puterea de apucare a morții.

Dar acum (acel scop și har extraordinar) a fost complet descoperit și realizat de către noi prin apariția Salvatorului nostru Isus Hristos, care (prin întruparea Sa și lucrarea Sa pământească) a abolit moartea (făcând-o nulă și goală de conținut) și a adus viața și nemurirea la lumină prin evanghelie (2 Tim 1:10, AMP).

La fel ca și Enoh, ei vor descoperi puterea unei vieți fără de sfârșit.[5]

Credința a fost aceea care l-a făcut pe Enoh să nu moară (Evrei 11:5, GNT).

În era KAINOS, moartea și-a pierdut puterea!

Pregătește-te să vezi durate de viață mult extinse, regenerarea tinereții și nemurire. Acest lucru poate părea greu de imaginat acum, dar este o realitate care vine și chiar mai curând decât îți imaginezi.

De fapt, deja a început.

DINCOLO DE SOMN: RĂSCUMPĂRAREA NOPȚII

"Dacă stai în Prezența Tatălui nu ai nevoie de somn". Paul Keith Davis [1]

Știai ca o persoană obișnuită doarme în medie 8 ore pe noapte? Dacă trăiești până la 75 de ani, atunci tu ai dormit în jur de 25 de ani. Poți să crezi asta? 25 de ani de ochi închiși!

Nu știu ce crezi tu dar eu îmi doresc ca timpul meu aici să facă diferența, chiar și timpul nopții. Nu vreau pur și simplu să adorm și să mă trezesc dimineața întrebându-mă ce s-a întâmplat. Asta nu e corect!

Vreau să fiu în Duhul în timpul somnului meu, conștient și lucid, implicându-mă în Teritoriul Împărăției Tatălui. Nu vreau să fiu inconștient și deconectat. Asta pare a fi mai puțin decât ceea ce Scriptura ne-a promis. Gândește-te doar la asta:

Căci plăcerea lui este în Legea Domnului și asupra ei meditează zi și noapte (Ps 1:2).

Cum este posibil să meditezi zi și noapte? Din nou privește la acest indiciu:

Am adormit, dar inima mea a rămas trează (Cântarea Cântărilor 5:2 ,AMPC).

Deci poți să rămâi treaz chiar și atunci când dormi?! Sună uimitor. Vreau asta!

Aici este momentul în care introducem un alt adevăr plin de bucurie! Evanghelia nu schimbă doar ziua umplând-o cu noi posibilități. De asemenea schimbă și noaptea în momente bogate de interacțiune cu Cerul și de călătorie în Duhul. Nopți întregi de a fi cufundat în extazul uniunii mistice și având aventuri printre națiuni și chiar printre stele.

Eu am început să experimentez puțin din asta. Am avut nopți în care am fost intențional în concentrarea mea pe a urca în prezența lui Dumnezeu. Am observat că atunci când mă concentrez pe Uniune și pe a fi în El, cumva mai mult din Cer se deschide. Este legea dorinței și a concentrării.

Domnul să îți fie desfătarea și El îți va da tot ce-ți dorește inima (Ps 37:4).

Prietenul meu Ian Clayton a învățat că este posibil și să trăiești cu foarte puțin somn și de asemenea să rămâi conștient în timp ce dormi prin găzduirea trupului său în omul său duhovnicesc. Ian obișnuia să se trezească de fiecare dată tot mai devreme pentru a se ruga. Era atât de flămând. Cu toate acestea el mereu simțea că nu se bucură de suficient timp cu Tata. A realizat că există o limită fizică la ceea ce putea face.

În cele din urmă a găsit o soluție. A învățat să interacționeze cu Duhul și să se înalțe la Muntele lui Dumnezeu pe timpul nopții. Acum el are parte de unele din cele mai profunde experiențe ale sale în timpul somnului. Când slujim împreună întotdeauna îl întreb "ce s-a întâmplat noaptea trecută?" El are mereu ceva nou de împărtășit. Adesea ceva vital cu privire la întâlnirile ce urmează.

El de asemenea trăiește timp de săptămâni cu foarte puțin somn în general, dincolo de limitările naturale. L-am văzut slujind o conferință întreagă după ce a ajuns acolo direct de la aeroport. Acesta este un lucru extraordinar atunci când ai călătorit din Noua Zeelandă și nu ai dormit nici măcar o dată. Aceasta este viața KAINOS.

Sună prea bine pentru a fi adevărat? Atunci continuă să citești!

Haideți să ne uităm din nou la Isus, Cel ce ne dă speranța lucrurilor mai mari care urmează să se întâmple!

În zilele acelea, Isus S-a dus pe munte să Se roage și a petrecut TOATĂ NOAPTEA în rugăciune către Dumnezeu. (Luca 6:12)

Se pare că pentru Isus somnul era opțional! Câteodată El se afla toată noaptea treaz în rugăciune.

Cel mai uimitor este atunci când iei în considerare stilul de viață haotic pe care Isus îl avea. El mergea peste tot. Mentora un grup de ucenici intenși. Vindeca bolnavii. Predica mulțimilor. Avea de-a face cu cei religioși și mult mai multe pe lângă.

Cu toate acestea se pare că El depășea legile naturale și accesa o dimensiune mai înaltă a realității. O realitate care transcende ritmurile normale de somn. Un stil de viață cufundat în Viață.

Cum este posibil acest lucru? Putem și noi să facem așa ceva?

Profetului Paul Keith Davis i-a fost arătată o parte din răspuns. El a avut o experiență vizionară profundă în care i s-a arătat momentul în care Isus s-a rugat pe munte. În loc să încerce să rămână treaz așa cum Paul Keith se aștepta, el a văzut că Isus era energizat în extazul Prezenței. El nu se lupta cu somnul nici nu număra orele. El era prins în extaz cu Tata și noaptea părea fără de sfârșit. Isus a trebuit să se retragă din Prezență dimineața. Întreaga noapte a fost petrecută în răpire. Isus s-a sculat înviorat la răsărit, plin de bucurie.

Prezența este cheia misterului. Interacțiunea cu Prezența lui Dumnezeu este ceea ce deschide porțile posibilităților nelimitate. Atunci când trăim în El toate lucrurile sunt posibile.

"Dacă stai în Prezența Tatălui nu ai nevoie de somn." Paul Keith Davis[1]

Simt că noaptea este adesea irosită. Nu mai vreau să trăiesc în felul acesta.

Cunosc un număr care este în creștere, de oameni care răscumpără noaptea. Ei trec peste limitările pe care le presupune comportamentul uman obișnuit. Oameni ca și Nancy Coen. Ea ne provoacă înțelegerea a ceea ce înseamnă să trăiești pe Pământ precum este în Ceruri.

Ascultați mărturia lui Nancy în propriile ei cuvinte:

În toate timpurile când am călătorit în toate națiunile, nu am suferit niciodată din cauza diferenței de fus orar. Acum, când călătorești milioane de kilometri să vii și să spui că nu ai suferit niciodată de asta e ceva uimitor. De fapt în călătoria mea încoace (spre Noua Zeelandă), timpul de care am avut nevoie ca să ajung de la casa mea la casa lor a fost de 64 de ore. Și în aceste 64 de ore am dormit o singură oră. Dar când m-am dat jos din avion eram atât de încântată să văd pe toată lumea , atât de plină de energie încât nu

m-a deranjat că nu apucasem să am parte de somn.

Am fost în locuri în peşteri în China unde am predicat timp de 5 zile întregi fără să stau jos. Fără să iau o pauză, fără să aţipesc o singură dată sau să mă opresc pentru cină sau ca să iau un pahar cu apă, fără să merg la baie.

Cum e posibil aşa ceva? *Nu este posibil din punct de vedere omenesc.*

Felul în care a devenit posibil: am început să descopăr cum să îmi pun duhul în control peste sufletul meu şi peste trupul meu.[2]

Mai devreme în acest an, atunci când am început să scriu cartea, m-am lovit de un zid. Mă gândeam la toate lucrurile pe care Dumnezeu ni le-a arătat despre ce înseamnă să trăieşti ca un "Om Kainos" şi am realizat cât de nebuneşte le va suna toate acestea unor oameni. Mă gândeam să renunţ la carte.

Atunci un prieten mi-a arătat învăţăturile lui Nancy Coen. Am fost uimit când am auzit ecoul propriilor mele idei în ele. Am fost atât de încântat încât am ascultat-o timp de 10 ore neîntrerupt. Era ca şi mierea pentru mine. Nu mă puteam sătura. Ea mi-a confirmat ceea ce şi eu văzusem. Nu numai asta, dar Nancy de fapt şi trăieşte aceste lucruri. Recent, am fost împreună cu Nancy şi ea nu a dormit timp de 3 zile întregi şi arăta plină de energie. Uimitor mai ales având în vedere că are aproape 70 de ani!

Dacă ne-ai ascultat podcasturile ştii că suntem foarte inspiraţi de vieţile sfinţilor Celţi. Această grupare de credincioşi simpli au umblat în adevărată autoritate apostolică şi au transformat destinul Irlandei, Marii Britanii şi mai departe de ele. Ei au umblat în putere, dragoste şi smerenie profundă. La fel ca şi Nancy Coen, ei adesea treceau dincolo de nevoia de somn natural.

Existau mari aşteptări de la Cuthbert de aceea între momentele în care conducea rugăciuni şi perioadele intensive de învăţătură el obişnuia să meargă în plimbări scurte pentru a se înviora. În mijlocul tuturor acestor activităţi, deşi el se închina împreună cu comunitatea, el adesea căuta timp pentru rugăciunea în tăcere, şi în aceste ocazii el cobora de pe stânci pentru a fi aproape de mare.

Într-o noapte, unul dintre fraţi a decis să îl urmeze în ascuns, curios

să vadă ce făcea Cuthbert toată noaptea. Cu spionul pe urmele sale, Cuthbert a coborât spre mare și a intrat în apă până la gât. Acolo în apă, cu brațele deschise, el a petrecut noaptea dând laudă lui Dumnezeu și cântând pe sunetele valurilor. Pe când se crăpa de ziuă, el a mers pe țărm și a început să se roage din nou, îngenunchind pe nisip.[3]

Am stat în apă în apropiere de unde s-a întâmplat acest lucru. Este cu atât mai surprinzător când iei în considerare cât de rece este marea de fapt în jurul Regatului Unit. Rece ca și gheața! Incredibil!

Francis de Assisi a fost un alt sfânt care a trăit "dincolo de umanitate", ca și un "Om Kainos". Ca și tânăr radical, s-a dezbrăcat până la piele în semn de protest și a lăsat în urmă marea avere a familiei sale pentru a ajunge să îi slujească pe cei mai pierduți oameni și pe cei mai săraci dintre săraci. Inițial el a trăit fără adăpost și a fost batjocorit. Unui om bun la suflet numit Bernard i-a fost milă de Sf Francis și l-a luat de pe străzi să locuiască în casa sa.

Și astfel l-a invitat la cină într-o seară și să rămână în casa lui, și Sf Francis a acceptat și a luat cina cu el și a rămas acolo. Apoi Bernard a avut un pat pregătit chiar în camera sa, unde pe timpul nopții o lampă era mereu păstrată aprinsă. Și Sf Francis, pentru a-și ascunde sfințenia, la intrarea în cameră, imediat s-a aruncat pe pat și s-a prefăcut că doarme. La fel, Bernard, după puțin timp, s-a întins și el și a început să sforăie zgomotos ca și cum ar fi dormit tun. Îndată, crezând că Bernard este cu adevărat adormit, Francis s-a ridicat de pe patul său și a început să se roage, ridicându-și ochii și mâinile spre ceruri, și spunând cu mare devoțiune și fervoare, "Dumnezeul meu, Dumnezeul meu". Și spunând aceste cuvinte și plângând încontinuu, a rămas așa până dimineață, mereu repetând "Dumnezeul meu, Dumnezeul meu" și nimic altceva.[4]

Această experiență de a fi martor la o noapte de veghe umilă și supranaturală a avut un mare impact asupra lui Bernard. Din acea zi el a fost transformat și a devenit primul călugăr Franciscan. A continuat să fie un prieten apropiat al Sfântului Francis, să îngrijească de săraci, să planteze mănăstiri și să trăiască un stil de viață profund mistic. Adesea era prins timp de zile întregi în transe extatice de dragoste în timp ce umbla prin pădure. Pură desfătare!

O altă sfântă favorită de-a mea este Catherine de Siena (adevărul este că am atât de mulți sfinți care mă încântă, sunt ca niște prieteni pentru mine). Ea a trăit o viață dedicată de la o vârstă fragedă, începând să aibă viziuni cerești cu Isus de la vârsta de 5 sau 6 ani. Ea era prizonieră a Dragostei, până într-acolo încât:

(Ea) abia dacă dormea timp de jumătate de oră la fiecare două zile. Cu toate acestea ea nu era niciodată obosită sau frustrată sau slăbită.[5]

Ea era îndrăgostită la maxim. Dragostea te face să uiți să mănânci. Să uiți să dormi! Dragostea Divină este Viață!

În mod uimitor, unii dintre sfinți au mers și mai departe cu această abilitate. Sfânta Franciscană Colette a trăit timp de un an fără somn. Ai auzit asta?! Un an întreg. Ce ai face cu tot acel timp extra? Imaginează-ți cum ar fi să nu fii niciodată obosit!

Chiar și mai uimitor, Agatha Crucii, o călugăriță Dominicană spaniolă, nu a dormit în ultimii 8 ani ai vieții ei. Incredibil! Vreau asta! Vreau să fiu într-o asemenea apropiere cu Dumnezeu încât inclusiv corpul meu să împărtășească acel extaz.

Dar cei ce se încred în Domnul își înnoiesc puterea, ei zboară ca vulturii; aleargă, și nu obosesc; umblă, și nu ostenesc. (Isaia 40:31)

Sau cum traducerea VOICE spune:

Ei vor alerga - niciodată înlănțuiți, niciodată obosiți. Ei vor umbla - niciodată obosiți, niciodată în slăbiciune.

Profetul Paul Cain a văzut că acest verset va fi împlinit literalmente în zilele ce urmează. Paul a văzut într-o claritate surprinzătoare viziuni ale secerișului. În aceste experiențe ce semănau cu vizionarea unui film, Paul a văzut cu detalii excepționale că vor avea loc întâlniri pe stadioane în orașe peste tot în lume. În aceste întâlniri puternice de trezire spirituală, oameni necunoscuți predicau misterele în mod neîntrerupt, timp de zile întregi. Ei nu se odihneau și nu ședeau câteva zile la rând, și cu toate acestea nu arătau semne de oboseală sau slăbiciune.

Acest lucru urmează să se întâmple! Eu cred asta și voi trăi să văd că se întâmplă. De asta scriu. Eu cred că trebuie să continuăm să provocăm limitările. Trebuie să începem să creștem în capacitatea noastră de a ne imagina o viață mai măreață. O viață ieșită din comun, extravagantă, care transformă lumea!

Nancy Coen, Ian Clayton și sfinții din istorie arată că este posibilă. Mai mult decât atât, Isus a demonstrat-o și ne invită și pe noi să facem la fel. Dacă este posibilă atunci mi-o doresc!

Te provoc să o crezi. În seara aceasta, atunci când vei merge la culcare, interacționează cu Cerul. Continuă să practici. În cele din urmă ceva nou se va întâmpla. Cheile mici deschid uși mari. Amin!

---

*Discuție extinsă: a dormit Isus?

Vreau să îți propun o idee pe care Tata mi-a arătat-o ca și revelație. Ești liber să gândești diferit dacă nu rezonează cu tine. Suntem cu toții suficient de puternici ca să putem gândi diferit.

Duhul Sfânt m-a întrebat "Crezi că Isus dormea în barcă?" (vezi Luca 8:23)

M-am întrebat acest lucru. M-am gândit la furtună, la apa care lovea, la valuri, la panica zgomotoasă a ucenicilor. Nu prea sună ca și un moment bun pentru a te lăsa dus de vise. Mai degrabă era o harababură rece și udă! Cine ar dormi în timpul a așa ceva?

Duhul Sfânt mi-a răspuns: "El era răpit la Tata în extaz spiritual."

Am fost uimit! Asta a avut mult sens pentru mine.

Am petrecut câțiva ani studiind teologie mistică, extazuri și transe, citind viețile sfinților. Știam că în stările mai înalte de rugăciune mistică persoana devine inconștientă de corpul fizic. Ei sunt detașați de "simțurile sensibile" și complet înghițiți de Dragoste Divină. În această stare sfântul poate chiar să pară ca și cum ar fi aproape mort și în cazuri extreme, să se oprească din a respira complet.

Am căutat cuvântul folosit de Luca pentru a-L descrie pe Isus ca fiind "adormit". El a ales un cuvânt neobișnuit în Evanghelia sa. Este folosit doar aici, pentru o singură dată, în întreg Noul Testament. Cuvântul pe care el l-a ales a fost "aphypnoō" (Strong's G879).[6]

Vine din alte două rădăcini de cuvinte. Primul este "apo" care înseamnă "separarea unei părți de întreg". Al doilea cuvânt rădăcină "hypnos" este partea de unde vine cuvântul "hipnotizat", care denumește o stare de inconştienţă asemănătoare somnului. Mai înseamnă şi "stupoare spirituală", care este "o stare de suspendare a puterilor şi activităţilor fizice".

Uimitor! Aceasta este o potrivire aproape identică cu descrierile pe care le citim în teologia catolică când vine vorba de stări extatice mistice. Vreau să propun că următorul lucru i-s-a întâmplat lui Isus în barcă. El folosea timpul petrecut acolo pentru a fi complet cufundat în Tatăl. Sunt sigur că acest lucru se întâmpla deseori. Pauză cu Tăticul! Un răgaz binevenit de la mulţimile de oameni.

Nu spun în mod categoric că Isus nu a dormit, mai ales ca şi bebeluş. Ceea ce eu spun este că El a trecut dincolo de sclavia faţă de somn (vezi Matei 26:40) ca şi Fiu matur. Somnul nu era stăpânul. El venea dintr-un Loc mai Înalt şi chiar şi noaptea Îi slujea Lui.

Ci îşi găseşte plăcerea în Legea Domnului,

şi zi şi noapte cugetă la Legea Lui! (Ps 1:2)

Zi şi noapte! Iubesc asta!

Haideţi! Hai să luăm înapoi noaptea!

STĂPÂNIRE PESTE CREAȚIE

Pământul a ajutat-o pe femeie, și pământul și-a deschis gura și a înghițit potopul (Apoc 12:16, NKJV)

Strămoșii noștri Adam și Eva au avut un mandat puternic cu privire la creație. Ca și prieteni intimi ai Divinității, ei au fost împuterniciți să stăpânească peste haosul de pe Pământ și să umple (reînnoiască și hrănească) pământul înapoi la frumusețea și bucuria Edenului.

Dumnezeu i-a binecuvântat și Dumnezeu le-a zis: "Creșteți, înmulțiți-vă, umpleți pământul și supuneți-l; și stăpâniți peste peștii mării, peste păsările cerului și peste orice viețuitoare care se mișcă pe pământ." (Gen 1:28)

Ce plan minunat! Poți să îți imaginezi Pământul astăzi dacă ei ar fi dus la îndeplinire această sarcină? Eu adesea îmi imaginez Pământul complet vindecat și strănepoții cei mulți ai lui Adam călătorind în afară spre cosmos pentru a transforma și alte planete și stele și a le aduce înapoi la viață. Îmi imaginez planeta Marte restaurată și în viață. Ar fi fost incredibil să fiu născut în acea eră.

Din păcate, am fost născuți într-o altfel de lume. Consecința căderii tragice a omului a fost o denaturare a relației noastre cu Planeta și cu ființele vii de pe ea. Întreaga creație coruptă. A devenit ceva urât! Spini, trudă, animale care omoară alte animale.

Această relație cu Pământul a fost și mai tare stricată prin faptul că Abel a fost ucis de Cain. Când Cain a vărsat sânge, Pământul și-a retras puterea.

Când vei cultiva pământul, nu îți va mai dărui puterea lui (va opune rezistență la a produce recolte bune) ție (Gen 4:12, AMP).

Acesta este un verset extraordinar! Pământul este capabil să ne opună rezistență sau să ne ajute. Acesta este un alt mare mister pe care Biserica în general l-a ignorat. Noi avem o relație dinamică cu Pământul. De fapt ne răspunde! În anumite moduri noi nu înțelegem că este viu.

Pavel chiar a insinuat că toată materia creată este cumva conștientă și ne așteaptă pe noi. Citește lent acest pasaj familiar din nou. Încearcă să îl interiorizezi. Este incredibil!

Pentru că toată creația așteaptă, tânjind după momentul în care copiii lui Dumnezeu vor fi descoperiți. Vezi, toată creația s-a prăbușit în gol, nu din proprie alegere, ci din alegerea lui Dumnezeu. Totuși El a pus în adâncul ei *o profundă și continuă* **speranță că va fi într-o zi eliberată din sclavia ei față de degradare și va experimenta libertatea glorioasă a copiilor lui Dumnezeu. Pentru că noi știm că toată creația geme la** *unison* **cu dureri ale nașterii până acum (Rom 8:19-22, VOI).**

Creația are o "adâncă și continuă speranță" pentru ca tu să înveți să relaționezi cu ea și să o eliberezi. Realizez că abia am început să înțelegem asta.

Poate, doar poate, acum suntem gata să învățăm. Ca și fii "KAINOS", poate că este timpul pentru noi să realizăm că suntem făcuți să ne alăturăm inițiativei creative a lui Dumnezeu și să ajutăm natura.

Profetul Bob Jones obișnuia să spună că noi suntem "Scuturile Pământului". Că este treaba noastră, rolul nostru să protejăm Pământul de la dezastru.

Pentru că scuturile pământului aparțin lui Dumnezeu (Psalmii 47:9, NKJV).

Gardienii Pământului aparțin lui Dumnezeu (Psalmii 47:9, CEB).

Ar trebui să fim în mod intim conștienți de Pământ și de natură. Este în mandatul nostru să îl protejăm.

Profetul John Paul Jackson a spus:

Există un motiv pentru care Dumnezeu nu ne-a rostit pur și simplu în existență, la fel cum a făcut cu vegetația, animalele, luna și stelele. În schimb, El a ales să ne creeze din Pământ. El ne-a dat

formă cu degetele Sale - din țărână. De ce ar face așa ceva? Este oare posibil ca oamenii să aibă o relație cu Pământul și Pământul să aibă o relație cu noi pe care noi încă nu o înțelegem? Este posibil ca, așa cum a fost cu Cain, alegerile noastre să afecteze Pământul?[1]

Biblia este plină de povești despre relația dinamică pe care o avem cu creația:

Corbii îi aduceau (lui Ilie) pâine și carne dimineața și pâine și carne seara, și bea apa din pârâu (1 Împărați 17:6).

Și ele (animalele) au intrat în corabie la Noe, două câte două, din orice făptură care are suflare de viață (Geneza 7:15).

Apoi Moise a ridicat mâna și a lovit stanca de două ori cu toiagul. Și a ieșit apă din belșug, așa încât a băut și adunarea, și au băut și vitele (Numeri 20:11).

Mai există multe alte exemple în scripturi. Se pare că Biblia este plină de ceea ce teologii catolici numesc "Misticii Naturii"! Se pare că destinul nostru este legat de creație!

De la începutul slujirii Sale Isus ne-a arătat că noi ar trebui să fim un punct de întâlnire între natură și Cer. Fii atent la asta:

....unde El a stat patruzeci de zile, fiind ispitit de Satana. Acolo stătea împreună cu fiarele sălbatice, și-L slujeau îngerii. (Marcu 1:13)

Într-o vreme de mare încercare personală "fiare sălbatice" și "îngeri" s-au strâns în jurul Lui. Pământul și Cerul răspund fiilor.

Acesta este Modelul noii noastre specii. Noi suntem rânduiți să aducem armonie între dimensiuni. Să contopim văzutul cu nevăzutul. Există o forță magnetică în interiorul nostru care atrage creația și atrage dimensiunea îngerească. Este legea Vieții.

Isus a dezvăluit de asemenea că suntem rânduiți să administrăm vremea sau după cum scrie în Geneza să "o supuneți și să o stăpâniți".

Au venit la El, L-au deșteptat și au zis: "Învățătorule, Învățătorule, pierim." Isus S-a sculat, a certat vântul și valurile înfuriate, care s-au potolit: și s-a făcut liniște. Apoi a zis ucenicilor Săi: "Unde vă este credința?" Plini de spaimă și de mirare, ei au zis unii către alții: "Cine este Acesta de poruncește chiar și vânturilor și apei, și-L

ascultă?" (Luca 8:24-25).

Dacă natura este dezechilibrată este vina noastră. De ce spun asta?

Indiciul se află în povestea de mai sus. Isus i-a certat şi i-a întrebat de fapt de ce EI ÎNŞIŞI nu au făcut ceea ce trebuia făcut. Ei înfăptuiseră miracole deja. Unde era credinţa lor?

Uneori a striga către Dumnezeu reprezintă un adevăr mai mic, de un nivel mai jos, decât adevărul care se manifestă atunci când noi ne mişcăm în Realitatea Împărăţiei. Noi suntem aici ca să protejăm Pământul, şi în timp ce îl păstrăm în dragoste în inimile noastre, noi îl putem transforma.

Eu cred asta şi cu privire la majoritatea uraganelor şi cutremurelor, secetei, furtunilor de zăpadă şi altele asemenea. Mass media le numeşte "acte divine" dar eu prefer să mă gândesc la ele ca la "ceva ce se întâmplă datorită lipsei de acţiune din partea Ecclesiei". Până la urmă noi suntem cei care ar trebui să stăpânim, "scuturile Pământului".

Administrarea vremii este o parte importantă din a trăi în această perioadă. Noi am fost implicaţi în administrarea vremii de multe ori, uneori cu rezultate surprinzătoare.

Odată slujeam în Brisbane, Australia, şi cerul era albastru fără niciun nor pe el. Ne-au spus că nu plouase de 3 luni. Am fost uimit. I-am întrebat de ce nu au schimbat asta. Au părut surprinşi la ideea că ar putea face ceva în privinţa asta.

Ne-am rugat să plouă din nou, dar să nu înceapă decât peste trei zile când noi urma să fim pe avionul de întoarcere acasă. Am dorit să ne bucurăm cât de mult se putea de vremea însorită!

Trei zile mai târziu pe drum înspre aeroport am putut vedea nori de furtună umplând cerul. Arăta frumos. Ne-am urcat în avion şi în timp ce mă uitam pe geam ploaia a început să cadă pe sticlă. Exact cum ne rugaserăm! Am râs! Totul era perfect!

În alte dăţi, Domnul ne-a cerut să schimbăm modelul vremii din Regatul Unit în momente strategice. O dată, timp de o iarnă întreagă, am ţinut înapoi furtunile de zăpadă. A fost uimitor. Meteorologii au prezis că va fi o iarnă îngrozitoare. Ziarele locale nu puteau să-şi dea seama ce se întâmplă. În loc de zăpadă am avut zile însorite! De fapt cele mai vândute lucruri în acea lună ianuarie au fost salatele și grătarele.[2] A fost foarte amuzant!

Cu toate acestea, Isus nu a administrat doar furtuni. El se mișca în stăpânire peste animalele sălbatice:

Drept răspuns, Simon I-a zis: "Învățătorule, toată noaptea ne-am trudit și n-am prins nimic; dar, la cuvântul Tău, voi arunca mrejele!"După ce le-au aruncat, au prins o așa de mare mulțime de pești ca începeau să li se rupă mrejele. Au făcut semn tovarășilor lor care erau în cealaltă corabie să vină să le ajute. Aceia au venit, și au umplut amândouă corăbiile, așa că au început sa se afunde corăbiile. (Luca 5:5-7)

Îți poți imagina așa ceva? De ce nu? Pentru că Isus este Modelul pentru noi. Și din nou (o poveste destul de bizară și minunată):

Du-te la mare, aruncă undița și trage afară peștele care va veni întâi; deschide-i gura și vei găsi în ea o rublă pe care ia-o și dă-le-o lor, pentru Mine și pentru tine." (Matei 17:27)

Isus ar fi putut să creeze moneda în palma Sa. De ce să o facă în felul acesta? Poate era ca să demonstreze parteneriatul pe care noi îl avem cu creația? Oricare ar fi fost motivul, iubesc povestea asta!

Miracolele naturale nu s-au oprit la Isus. Sfinții iubeau natura și natura îi iubea în schimb. Poate că ai văzut tablouri în care sfinții sunt înconjurați de animale?

Călugării franciscani erau în mod special implicați în viața naturii. Ei iubeau natura și Dumnezeu a folosit acea dragoste de multe ori ca să transforme întregi comunități. În următoarea poveste, sfântul Anton predica într-un oraș numit Rimini. Acolo oamenii erau încăpățânați și dificili. După multe zile de predicare grea, ei încă nu ascultau.

Ca urmare, într-o zi, prin inspirație Divină, sfântul Anton a mers pe malul râului. Stând pe malul dintre mare și râu, el a început să le vorbească peștilor, ca și cum ar fi fost un predicator trimis să le vorbească: "Ascultați cuvântul lui Dumnezeu, voi pești ai mării și ai râului, pentru că necredincioșii eretici refuză să îl asculte." Când a spus aceste cuvinte, au venit înspre el pe malul râului o mare mulțime de pești... Cu toții își țineau capetele deasupra apei și se uitau cu atenție la fața sfântului Anton, rămânând acolo

într-o ordine blândă și o mare liniște... cu cât predica mai mult sfântul Anton, cu atât creștea mulțimea de pești... oamenii orașului au început să alerge spre acel loc ca să vadă un miracol atât de minunat și de clar, au fost străpunși în inimă, și cu toții s-au aruncat la picioarele sfântului Anton ca să îi asculte cuvintele.[3]

Probabil că unul din grupurile de sfinți care au înțeles cel mai mult această relație simbiotică cu natura au fost sfinții celți ai Irlandei și Marii Britanii. Ei se vedeau pe ei înșiși inseparabil conectați cu natura. Ei chiar Îi spuneau Duhului Sfânt Gâsca Sălbatică!

În această poveste Sfântul Cuthbert era într-un loc foarte îndepărtat, călătorind ca să atingă oameni izolați cu mesajul Evangheliei. Noi numim acest lucru "hoinăreală sălbatică". Urmând calea necunoscută. Tânărul ucenic al lui Cuthbert era nefericit din cauza foamei:

Cuthbert i-a spus să prindă curaj și să aibă credință: "Domnul va avea grijă de noi astăzi. Așa cum are întotdeauna." Apoi a arătat spre un vultur care zbura deasupra capetelor lor. "Vezi pasărea care zboară în înălțimi deasupra noastră. Este posibil ca Dumnezeu să ne învioreze prin slujirea acestui vultur." Tânărul nu era sigur la ce se referea Cuthbert. Dar în timp ce ei călătoreau mai departe de-a lungul râului, l-au văzut pe vultur așezându-se pe mal cu un pește în gheare. Cuthbert a zis "Fugi și vezi ce mâncare ne-a adus vulturul din partea Domnului." Asta a făcut tânărul, aducând înapoi un pește mare pe care vulturul îl pescuise din râu. Dar Cuthbert a zis, "Ce ai făcut fiule? De ce nu i-ai dat slujnicei noastre partea ei? Taie-l repede în jumătate și du-i partea pe care ea o merită fiindcă ne-a slujit."[4]

Celții respectau creația și înțelegeau conexiunea noastră sacră cu ea.

Miracolele legate de natură au continuat de-a lungul istoriei. Aș putea umple o întreagă carte cu povești uimitoare. Uite una mai recentă, din cartea autorului Mark Sandford, *Healing the Earth (Vindecând Pământul)*. Mark se afla într-o călătorie de misiune cu echipa sa în Taiwan. Aveau mari probleme provocate de mușcăturile de insecte. Mark avea nevoie urgentă de ajutor:

Membrii echipei se plângeau că nu puteau dormi din cauza țânțarilor. Apoi m-am gândit, "Cu siguranță intenția originală a lui Dumnezeu cu privire la aceste creaturi nu a fost ca ele să ne chinuie

pe noi! Și dacă Isus a poruncit vântului și valurilor să se liniștească, în Numele Lui ar trebui cel puțin să pot porunci țânțarilor să nu muște." Nedorind să acționeze arogant, i-am cerut lui Dumnezeu permisiunea înainte de a le porunci în Numele lui Isus să stea departe. A doua zi dimineața m-am trezit fără semne de mușcături dintr-un somn adânc, în timp ce un coleg cu cearcăne din camera alăturată își scărpina semnele de mușcături roșii pe care le avea din cap până-n picioare.[5]

Poate că Mark ar fi trebuit să se roage pentru întreaga echipă! Ha! Încă avem atât de multe de învățat. Dar suntem în creștere și eu cred că vom fi uimiți la cât de departe toate aceste lucruri vor ajunge. Trebuie să visăm măreț!

În mod interesant, *Cartea Jubileelor*[6] evreiască învață că animalele erau capabile să vorbească cu omenirea și unele cu celelalte la Început. Ele se aflau pe aceeași lungime de undă. În mod tragic, *Cartea Jubileelor* relatează că această abilitate s-a pierdut la Cădere. Când Adam a decăzut, au decăzut și ele.

Cu toate acestea, în natura noastră KAINOS, eu cred că putem să refacem conexiunea lingvistică cu animalele. Simțurile noastre pot fi trezite:

Întreabă dobitoacele, și te vor învăța, păsările cerului, și îți vor spune; vorbește pământului, și te va învăța; și peștii mării îți vor povesti. (Iov 12:7-8)

Într-o zi, sunt sigur, animalele vor fi din nou restaurate înapoi la design-ul lor original și la o relaționare corectă cu noi. Ele sunt o parte importantă din transformarea Pământului care iese la iveală. Copiii se vor juca cu șerpi și leii vor mânca fân (vezi Isaia 11:7-9 și 65:15). Uimitor!

Trebuie să recuperăm TOATĂ Evanghelia. Isus a venit să salveze ce era pierdut, și asta include Pământul, plantele și animalele.

Dumnezeu era în Hristos. El lucra prin Hristos ca să aducă ÎNTREAGA LUME înapoi la El (Cor 5:19, NLV). Dumnezeu a pus lumea într-o stare de dreptate cu El Însuși prin Mesia, dăruindu-i LUMII un nou început... (2 Cor 5:19, MSG).

Sfântul Maximos a înțeles că noi suntem conectați cu viitorul

Universului:

Omul nu se află în izolare față de restul creației; prin propria sa natură el este legat de întregul univers... pe calea unirii sale cu Dumnezeu, omul nicidecum nu lasă creaturile la o parte, ci adună în dragostea Sa întregul cosmos afectat de păcat, ca să poată fi transformat prin har.[7]

Acest lucru e minunat! Transformat prin har! Iubesc această expresie! Pură dulceață! În timp ce ne trezim, Pământul va înflori și va răspunde în mod vizibil. Va deveni viu!

Da, veți ieși cu bucurie și veți fi calauziti în pace. Munții și dealurile vor răsuna de veselie înaintea voastră, și toți copacii din câmpie vor bate din palme. (Isaia 55:12)

În timp ce ținem creația în inimile noastre vom descoperi că este vie și gata să ne răspundă!

Provocarea este să ne schimbăm relația cu natura. Acesta este un cuvânt pentru ACUM.

Va face diferența dintre ordine și haos, ploi sau secetă, furtuni sau liniște.

Noi suntem "Protectorii Pământului!"

CONFLICTUL CERESC

**Apoi a fost război în Cer: Mihail și îngerii
săi au luptat cu dragonul. Dragonul și îngerii
lui au ripostat. (Apoc 12:7, CEB)**

Ne apropiem de finalul cărții. Sper că te-ai bucurat de ea până aici. Prin următoarele două capitole vreau să te ajut să te pregătești pentru bătălia ce ne stă înainte. În bucuria noastră noi de asemenea trebuie să fim puternici în tăria puterii Lui. Deși există o bătălie, Isus a zis:

V-am spus aceste lucruri ca sa aveți pace în Mine. În lume veți avea necazuri; dar îndrăzniți, Eu am biruit lumea. (Ioan 16:33)

Adevărul este că am fost născuți din nou într-un conflict ceresc, o bătălie care se dă încă dinainte ca Adam să fii fost creat. O bătălie care a devastat cosmosul și care a redus sistemul solar la o umbră a ceea ce era înainte.

Din această dezordine haotică Dumnezeu a ales un mic loc nesemnificativ ca să înceapă procesul de re-creație. Un loc care a devenit pivotal pentru viitorul tuturor lucrurilor create: Pământul.

Adam a fost plantat într-o zonă de război!

Știm ce s-a întâmplat în continuare. Omenirea a căzut și haosul din nou a triumfat. Plantele și animalele au devenit sălbatice. Ordinea naturală a păcii a fost subjugată de supraviețuire și competiție. Satan din nou a stat în vârful micului său munte. Prea încrezător și mândru.

Alte ființe celeste inspirate de mândrie satanică s-au alăturat rebeliunii pământești. Ei se numeau Veghetorii. Unii oameni îi numeau îngeri sau dumnezei. Nu se știe clar de unde au venit. Ceea ce știm însă este că au părăsit dimensiunea care le-a fost desemnată lor și au venit pe Pământ, în directă opoziție cu voia lui Dumnezeu. Ei i-au învățat pe oameni tehnologie şi arte oculte. Povestea lor este spusă în Cartea Etiopiană a lui Enoh.

Priveşte şi vezi ce Azazel (Veghetorul) a făcut pământului - el a învăţat pe alţii nedreptatea şi a dezvăluit secrete eterne care erau cândva păstrate în ceruri... De fapt toţi dintre ei s-au dus şi s-au "culcat" cu femei umane şi s-au necinstit sexual şi i-au învăţat pe oameni tot felul de păcate. Fiecare femeie a dat naştere unui uriaş peste măsură de mare în statură. Acum ei au luat-o pe o cale greşită şi au omorât pe mulţi, vărsând sânge în ţărână şi este atât de multă nedreptate.[1]

Această stare a lucrurilor a crescut în vremea lui Noe, devenind un adevărat iad. Pământul era răvăşit de forţe demonice, fiinţe cu ADN amestecat, stăpânitori şi uriaşi canibali. Peste tot omenirea se întorsese înspre o completă nelegiuire, spre ocultism şi spre rău continuu.

Domnul a văzut că răutatea omului era mare pe pământ şi că toate întocmirile gândurilor din inima lui erau îndreptate în fiecare zi numai spre rău. I-a părut rău Domnului ca a făcut pe om pe pământ şi S-a mâhnit în inima Lui. (Geneza 6:5-6)

Când s-a ajuns în acest punct Pământul a fost acoperit de ape. Unii cred că este posibil ca 6 miliarde de oameni să fii fost pe Pământ în acel moment, oameni care aveau ADN-ul amestecat şi tehnologie sofisticată. Singurii supravieţuitori au fost Noe şi familia sa. Ei au scăpat printr-o intervenţie Divină.

E uluitor să te gândeşti că Isus a spus că întoarcerea Sa va fi marcată de o generaţie precum aceea din zilele lui Noe. E uimitor când îl citeşti pe Enoh şi înţelegi vremurile în care ei trăiau. Vremuri de mare conflict între lumină şi întuneric.

Cei din audienţa evreiască a lui Isus erau cu toţii familiarizaţi cu Cartea lui Enoh şi cu poveştile antice. Ei cunoşteau implicaţiile. Ei ştiau că înseamnă faptul că vor urma zile nebune!

În timp ce creştem în înţelepciune şi petrecem timp în glorie, Cerul începe să ne mentoreze şi să ne înveţe despre acest conflict ascuns. Vălul este dat la o parte şi noi începem să vedem că se întâmplă mult mai multe în această lume decât observăm la prima vedere.

În 2003 ochii mei au fost deschişi pe neaşteptate. A început cu o serie de vise.

Mi-au fost arătate un număr de evenimente din viitor în detaliu. Am văzut criza economică a ultimului deceniu cauzată de bănci. Am văzut cum avea loc legalizarea unor droguri dăunătoare oamenilor, de către guvernele lumii. Droguri fiind vândute prin piețe de desfacere legale. Am văzut căsătoria fiind răstălmăcită. Într-un vis am văzut un grup de oameni căsătorindu-se la altar, doi bărbați și trei femei. Am fost șocat. Am văzut Islamul radical invadând cultura occidentală. De asemenea mi-a fost arătat cum pornografia se va strecura în mass-media convențională și chiar va avea ca și scop să captiveze copiii. Am văzut multe alte lucruri. Nu am putut continua ca și cum totul era ok. Nu era!

Încă mă simt împins de aceste experiențe să sun alarma. Urăsc apatia și mulțumirea de sine a culturii noastre TV de proastă calitate. Noi suntem la punctul de control al navigării. Cred că există ceva mai mult disponibil pentru viețile noastre. Pot simți asta și nu pot trăi fără acest sentiment. Există mai mult!

Respectatul profet Paul Keith Davis a avut de asemenea multe viziuni profunde și vise cu privire la această eră critică. Stând în pat într-o noapte, el a căzut într-un fel de transă vizionară:

În această experiență am văzut iadul. Mă uitam în jos în iad. Puteam să văd o forță invizibilă... Înlăturând ceva ce arăta ca un capac pentru o gaură destinată omului. Am văzut această poartă mare de fier în măruntaiele iadului. Am numit acel loc măruntaiele iadului în experiența respectivă. Am spus ceva de genul "cineva să oprească asta!" Strigam ca cineva să pună din nou capacul peste acel loc.

Am văzut spirite rele ieșind de acolo ca un tăvălug... De fapt am recunoscut apariția unora dintre ele. Am văzut ceva ce semăna cu Adolf Hitler și Joseph Stalin și alți tirani, oameni care aveau ungere demonică. I-am văzut ieșind din iad.

Cumva mi s-a permis să văd aceste duhuri manifestându-se într-un mod foarte real și vizibil oamenilor în dormitoarele lor... fie în vise fie în experiențe, am văzut acest rău la un alt nivel decât am văzut oricare din noi până acum. Ele au început să se manifeste în camerele acestor oameni. Le-am văzut antrenându-i pe oameni cum să umble în dimensiuni ale întunericului mai mari decât am văzut

vreodată.

Uită-te numai la știri și voi sugera că acest lucru deja a început să se întâmple. Cine ar fi crezut că grupuri precum ISIS în Siria și Irak vor face acte atât de inumane pe care le vor difuza în întreaga lume? Video-urile și poveștile sunt incredibile. Șocante!

Paul Keith continuă:

Când a devenit prea mult ca să mai pot suporta, am spus "nu mai pot să văd asta!" Am auzit o voce care a răsunat ca un tunet din Cer și a zis "Fii Luminii trebuie să răspundă pe măsură!" Am văzut pe acești îngeri ieșind din Cer... aceștia sunt îngerii care au fost puși deoparte pentru confruntarea de la finalul vremurilor. Ei au stat în prezența Dumnezeului Atotputernic... Am văzut acești îngeri ieșind din Cer și manifestându-se în dormitoarele oamenilor... I-am văzut antrenându-i pe oameni cum să umble în tărâmuri ale gloriei, cum să acceseze tărâmul Duhului, cum să fie ca și Ioan când a spus "eram în Duhul în ziua Domnului". Ioan știa ceva! Secretul despre cum să intri în Duhul.[2]

Nu vrei și tu asta?

Recent am avut un vis-viziune semnificativ despre această bătălie. Era ca și cum mă aflam într-un film 3D! Forțe demonice se luptau cu noi pe un vârf de munte. Arătau ca și armata urâtă de orci din Stăpânul Inelelor. Luptau atât de crâncen încât era de necrezut. Eram în toiul bătăliei. Izbindu-ne în mod violent. Era pe viață și pe moarte!

Apoi perspectiva s-a înălțat ca și cum vedeam de sus ca un vultur. Am văzut de ce era așa de sălbatică lupta. Am văzut că orcii se aflau în vârful muntelui și erau înconjurați. Era ultima lor șansă. Erau într-o stare pură de panică și teroare. Nu mai aveau încotro să fugă. Niciun loc în care să se ascundă. Luptau pentru propria lor existență.

Apoi am auzit o voce audibilă care a strigat peste câmpul de bătălie "Este timpul să vă ridicați ca un talaz!" Am văzut în această viziune că dacă forțele Luminii ar fi împins împreună totul s-ar fi terminat repede. Dacă ne uneam și ne mișcam ca unul, bătălia ar fi fost gata! Mai târziu am aflat că acest cuvânt "talaz" înseamnă "o puternică mișcare de înaintare, ca un val pe timp de furtună". Acest lucru trebuie să se întâmple.

Prietenul nostru Ian Clayton înflorește în luptă. Lui nu îi este frică de mișcarea demonică și a intrat cu ei în bătălie câștigând de multe ori. Numește jovial acest lucru "mărunțire!" În timpul conferinței noastre din Regatul Unit, Ian a spus următorul lucru:

Marea noastră problemă este că i-am învățat predominant pe oameni (în cadrul vieții Bisericii) despre mântuire. I-am învățat și i-am împuternicit despre cum să trăiască o viață pe Pământ. Asta se întâmplă cel mai mult în viața bisericii.

Marea mea problemă este că, singurul mod în care tu poți trăi (cu adevărat) viața pe Pământ este prin a înțelege viața din ceruri. Pentru că orice se întâmplă în ceruri are completă stăpânire și influență peste ceea ce se întâmplă pe fața Pământului.

Orice se întâmplă pe tărâmul spiritual schimbă ceea ce se întâmplă pe fața Pământului. Orice influențe se află în desfășurare la acel nivel dictează ce se întâmplă pe fața Pământului.

Până când nu vom învăța că noi ar trebui să conducem în acele locuri și să ne asumăm pozițiile noi vom continua să avem o natură căzută a lucrurilor, natură care va rămâne pe fața Pâmîntului.[3]

Noua lume nu vine fără a întâmpina rezistență. Bătălia este câștigată sau pierdută în multiple dimensiuni ale existenței, văzute și nevăzute. Este timpul să învățăm căile Cerului. Să ne ocupăm de afacerile Tatălui care înseamnă dreptate, pace și bucurie!

(Isus a zis) L-am văzut pe Satan căzând, un fulger din cer. Vedeți ce v-am dat? Să puteți trece în siguranță în timp ce călcați peste șerpi și scorpioni, și protecție în fața oricărui atac al Dușmanului. Nimeni nu poate să vă atingă (Luca 10:19, MSG).

Slava Evangheliei este aceea că Dumnezeu acum trăiește în noi, și prin noi în victorie. Noi acum participăm în bucuria dreptății. Bucuria de a distruge lucrările întunericului. Forțele răului se află acum cu mult sub noi, noi fiind în Hristos. Ele sunt limitate ca și putere. În alte cuvinte, Lumina câștigă!

Isus este exemplul. El a zdrobit și a umilit dușmanul.

El a dezbrăcat la cruce toți tiranii spirituali din univers de autoritatea lor falsă și i-a pus să mărșăluiască goi pe străzi.

(Coloseni 2:15, MSG)

Ar trebui să Îl urmăm exemplul. Nu te-ai săturat să fii împins încoace și-ncolo? Așa cum Bill Johnson spune:

Satan este limitat în toate direcțiile. Dumnezeu i-a dat darurile pe care le are și abilitățile pe care le are în momentul în care l-a creat. Nu a existat niciodată o bătălie între satan și Dumnezeu. Întregul tărâm al întunericului ar putea fi șters din existență pentru totdeauna printr-un singur cuvânt. Dar Dumnezeu a ales ca el să fie învins prin cei făcuți după chipul și asemănarea Lui - cei care I se vor închina lui Dumnezeu prin propria alegere liberă.[4]

Noi suntem cei care suntem împuterniciți ca să dăm formă viitorului. Dacă lumea este un dezastru este din cauză că noi nu înțelegem încă Evanghelia. Nu am înțeles încă în profunzime că:

Misiunea primară a lui Isus este rezumată în această singură frază: "Pentru acest scop Fiul lui Dumnezeu a fost manifestat, ca El să distrugă lucrările diavolului" (1 Ioan 3:8). Aceasta era misiunea lui Isus; a fost și misiunea ucenicilor și este de asemenea misiunea ta. Scopul lui Dumnezeu în a te mântui nu a fost pur și simplu de a te salva și a te ține ocupat până te va expedia în Cer. Scopul lui a fost mult mai măreț; El te-a mandatat să demonstrezi voia lui Dumnezeu, "precum în cer așa și pe pământ", să ajuți în transformarea acestei planete într-un loc strălucitor și saturat de puterea și prezența Sa. Acesta este fundamentul Marii Trimiteri, și ar trebui să definească viața ta și a mea.[5]

Precum Godfrey Birtill, compozitorul profetic din Regatul Unit , spune:

Destul - este destul - este destul - este destul![6] Este vremea răsplătirii! O poți simți în Duhul?

Generația noastră a fost pregătită pentru luptă. Pregătită pentru victorie.

Oamenii Tăi se vor oferi din proprie voință (ca să participe în bătălia Ta) în ziua puterii Tale (Psalmii 110:3, AMP).

Vine o mare bătălie. Nu te teme. Dumnezeu trăiește în tine!

ÎNFRUNTÂND PUTERI

Căci noi n-avem de luptat împotriva cărnii și sângelui, ci împotriva căpeteniilor, împotriva domniilor, împotriva stăpânitorilor întunericului acestui veac, împotriva duhurilor răutății care sunt în locurile cerești. (Efeseni 6:12)

În ultimul capitol, am realizat că lumea KAINOS nu va veni fără luptă și această generație este pregătită pentru asta! Avem Dreptate care arde în sângele nostru și credință care explodează din inimile noastre. Crucea ne-a condamnat la victorie! Este inevitabilă!

La fel ca și lumina răsăritului mișcându-se peste munți, o armată uriașă e pe drum. Niciodată nu a mai existat ceva asemănător și niciodată nu va mai fi...

Îndrăzneață și neînfricată, de neclintit, de neoprit (Ioel 2, MSG).

Ești pregătit? Vreau să te ajut. Haide să privim la câteva situații reale de luptă spirituală. Să umplem câteva din goluri. Amintește-ți că bătălia noastră nu este un război omenesc și nu este limitată la această lume materială.

Noi nu purtăm război doar împotriva unor dușmani din carne și sânge. Nu, această luptă este împotriva tiranilor, împotriva autorităților, împotriva puterilor supranatuale și prinților demonici care se târăsc în întunericul acestei lumi, și împotriva armatelor spirituale malefice care pândesc în locurile cerești. (Efeseni 6:12, VOI)

Pentru a vorbi despre acest lucru, va trebui să intrăm în lucruri puțin ciudate.

Hai să fim sinceri. Dacă trăiești în Duhul, vei ajunge să vezi unele chestii care sunt foarte, foarte ciudate. Unii oameni susțin că totul este un mit, că este ceva inventat. Se înșeală amarnic! E real.

Altceva a apărut pe cer. Era un dragon roşu imens cu şapte capete şi zece coarne, şi cu o coroană pe fiecare din cele şapte capete (Apoc 12:3, CEV).

Lecturarea cărţii Apocalipsa este ca şi cum ai porni într-o călătorie excentrică, plină de fantezie. E o nebunie!

Când a rupt Mielul pecetea a patra, am auzit glasul făpturii a patra zicând: "Vino şi vezi!" M-am uitat şi iată ca s-a arătat un cal gălbui. Cel ce stătea pe el se numea Moartea, şi împreuna cu el venea după el Locuinţa morţilor. (Apoc 6:7-8)

Dacă te sperii uşor, poate că încă nu este potrivit pentru tine să citeşti acest capitol. Revino mai târziu la el.

Vreau doar să fiu onest. Nu m-am dus să caut nimic din aceste lucruri. L-am căutat pe Dumnezeu. Am petrecut ani de zile stând scufundat în prezenţa Lui. În mod gradual am văzut mai multe despre felul în care funcţionează lumea.

A trebuit să învăţăm încet cum să procedăm cu mizeria: entităţi ciudate precum dragonii, creaturi transdimensionale, duhuri de apă, posesiuni demonice, furtuni, sfere întunecate, fiinţe care arată ca şi nişte căpcăuni înalţi şi slabi, chiar şi vrăjitoare. Bătălia a venit la noi!

În lumea materială am fost îmbulziţi de mulţimi furioase. Am văzut oameni religioşi aprinşi de furie. Aproape am fost arestaţi pe stradă. Cineva a încercat să mă ucidă într-o întâlnire de tineret în Franţa. Toate acestea fiind produsul agitaţiei provocate de puterile demonice. Aceste lucruri sunt reale!

Pământul are multă mizerie pe el. Pur şi simplu aceasta e situaţia în prezent.

Până la restaurarea tuturor lucrurilor, avem o bătălie de dus şi o lume de transformat. Dacă vrei să ocupi munţii trebuie să dai jos orice dumnezei falşi care se află acolo. Pur şi simplu aşa stau lucrurile.

Aceste forţe întunecate i-au opus rezistenţă Cerului timp de veacuri. Ele sunt peste măsură de încrezătoare în forţele proprii şi arogante. Sunt convinse că îşi vor menţine poziţiile. Am vizitat un "Cabal" în Duhul. Sunt cele mai mândre şi pline aroganţă fiinţe pe care ţi le poţi imagina. Nu pot să îţi explic cât de pline de sine sunt. Îmbrăcate elegant, egoiste și înfumurate. Trăind de pe urma prafului omenirii.

Va fi glorios să vedem sfârșitul epocii lor! Îți poți imagina?!

Pentru a înțelege cum să câștigăm războiul, trebuie să ne uităm la Isus din nou. Isus a fost călăuzit de Duhul în luptă. Chiar Dumnezeu Însuși este cel care ne pregătește calea pentru victorie.

Acum Isus, plin de Duhul Sfânt, a plecat de la Iordan și a fost dus de Duhul în pustie. Timp de patruzeci de zile și nopți în sălbăticie a fost testat de Diavol (Luca 4:1, MSG).

Acesta este locul cel mai înalt al siguranței și al bucuriei. Să trăiești în Duhul. Maturitatea înseamnă să te lași călăuzit.

Fiindcă toți cei ce sunt călăuziți de Duhul lui Dumnezeu sunt fiii (maturi) ai lui Dumnezeu. (Romani 8:14)

Deci ce s-a întâmplat în continuare? Scriitorul profetic Rick Joyner are o idee. Lui Rick i-a fost arătat printr-o serie de experiențe ce s-a întâmplat în acest context. El documentează asta în cartea *When God Walked the Earth (Când Dumnezeu a umblat pe Pământ).*[1]

Isus a pătruns în deșert sub un nor de întunecime cum nu a mai fost văzut niciodată pe pământ înainte. Demoni de toate soiurile roiau prin mijlocul cerurilor peste tot în jurul și deasupra deșertului.

Rick a văzut hoarde de demoni învârtindu-se în jurul regiunii aducând greutate și depresie peste zonă. Semănând dezbinare și furtuni. În cele din urmă a apărut Satan. El avea un singur țel, să Îl seducă pe Isus într-o direcție care l-ar fi îndepărtat de voința Tatălui.

Lucifer stătea în cea mai glorioasă îmbrăcăminte - mai spectaculoasă decât orice rege pământesc și-ar putea imagina vreodată. Fața lui avea o înfățișare atât de bună și de atrăgătoare, orice copil ar fi venit cu ușurință la el. Isus l-a recunoscut imediat și s-a ridicat în picioare ca să îl confrunte.

Isus nu a fost mișcat de aparențe sau seducție. El a rămas în mod smerit ascultător de Tata. Ancorat în dragostea Sa. Dispus să sufere de dragul omenirii. El a văzut ceva în noi, ceva pentru care merita să își dea viața pentru noi. El a văzut ceea ce vom deveni. Mireasa Lui.

Iubesc ceea ce a văzut în continuare Rick. Este frumos. Plini de bucurie din cauza victoriei, Mihail și îngerii s-au aliniat în deșert ca să îl mângâie şi să îl onoreze. Cerurile s-au deschis.

Pe o cale de o mie de mile în fiecare direcţie cerul a strălucit din cauza săbiilor oştirilor îngereşti care au fost atrase să îl salute. În Cer gloria celebrării era mai mare decât orice fusese înainte. Fiecare înger, fiecare heruvim, fiecare fiinţă creată din Cer cânta, dansa şi se bucura din toate puterile. Adevărul învinsese!

În timp ce Isus începea să umble de-a lungul drumului prăfuit al deşertului, El putea acum să simtă încântarea Tatălui. Toţi îngerii care s-au aliniat pe acel drum, cu săbiile scoase în semn de salut în timp ce erau aşezaţi pe un genunchi, puteau de asemenea să simtă încântarea Tatălui. Aceasta era hrana îngerilor. Cu ore înainte fusese cel mai întunecat moment al tuturor timpurilor, iar acum era cel mai luminos. Cât de repede s-a schimbat totul!

Iubesc asta. Fii încurajat prietene, dacă şi tu te afli într-o vreme de încercare. Rezistă. Furtuna se va împrăştia. Dumnezeu este credincios şi te va trece prin ea, cu multă bucurie şi onoare!

Seara vine plansul, iar dimineaţa, veselia. (Ps 30:5)

Urmându-L pe Hristos, Biserica primară a câştigat teritorii masive. Cei 120 erau de neoprit. Cu cât întunericul încerca să reziste mai mult, cu atât mai mare era răspândirea. Chiar şi martiriul a fost o sămânţă pentru focul acesta, şi s-a răspândit peste tot în lumea romană într-o generaţie.

Respingând corupţia Romei, mici comunităţi curajoase şi-au făcut apariţia. Ei erau "Părinţii Deşertului". Poate că ai auzit de ei? În deşert ei au găsit Edenul.

Unul dintre primii a fost Sfântul Antoniu al Egiptului.[2] El s-a dedicat rugăciunii profunde şi postului. În casa sa umilă, singur, Antoniu a înaintat prin bătălii demonice extreme.

S-a auzit pe neaşteptate un zgomot care a făcut ca locul să se scuture violent: găuri au apărut în pereţi şi o hoardă de demoni de tot felul s-au strecurat prin ele. Au luat forma unor animale sălbatice şi şerpi şi au umplut instant întregul loc cu spectre ce arătau ca şi lei, tauri, lupi, vipere, şerpi, scorpioni şi chiar şi leoparzi şi urşi. Ei toţi scoteau sunete potrivit naturii fiecăruia... Faţa fiecăruia avea o înfăţişare sălbatică, şi sunetul vocilor lor feroce era

terifiant.

Antoniu, bătut și desfigurat... a rămas neînfricat, cu mintea alertă... Deși rănile sale trupești îl făceau să geamă, el a menținut aceeași atitudine și a vorbit ca și cum își batjocorea dușmanii "Dacă aveți orice fel de influență, dacă Domnul v-a dat putere asupra mea, uitați, aici sunt, devorați-mă. Dar dacă nu puteți, de ce consumați atâta energie degeaba? Fiindcă semnul crucii și credința în Domnul sunt pentru noi un zid pe care niciun asalt al vostru nu-l pot străpunge."

În ciuda spectacolului pe care îl desfășoară, dușmanul este limitat. Crucea a câștigat deja orice bătălie. Iubitul sfânt, mișcat de Dragoste a continuat să se roage Psalmii. Privind la Isus.

Antoniu și-a ridicat privirea, a văzut acoperișul deschizându-se deasupra sa și în timp ce întunericul era împrăștiat, o rază de lumină a căzut pe el. De îndată ce această lumină puternică a apărut, toți demonii au dispărut și durerea din corpul lui Antoniu dintr-o dată a încetat. Mai mult, clădirea care fusese distrusă cu câteva momente înainte a fost restaurată. Antoniu a înțeles imediat că Domnul era prezent. Oftând din adâncul inimii lui, s-a adresat luminii care îi apăruse, spunând, "Unde ai fost, preabunule Isuse? Unde ai fost? De ce nu ai fost aici de la început să-mi vindeci rănile?" Și o voce a ajuns la el zicând "Antoniu, am fost aici, dar am așteptat să văd lupta ta. Dar acum, fiindcă în mod curajos ți-ai menținut poziția în această luptă, te voi ajuta întotdeauna și te voi face faimos în întreaga lume..." Antoniu avea treizeci și cinci de ani în acel moment.

Isus și-a ținut promisiunea. Viața mică a lui Antoniu a avut efecte mari. A inspirat nenumărați oameni ca să formeze comunități monastice de rugăciune. Sfinții celți, franciscanii și mulți alții au fost inspirați de exemplul lui. Chiar și Roma i-a cerut sfatul.

De fapt, Satan a fost atât de zdrobit de Antoniu, încât a venit la el acasă, a bătut la el la ușă și l-a implorat să se oprească. E incredibil! Satan (sub înfățișarea unui călugăr) a spus:

Sunt vrednic de milă. Te întreb, nu ai citit, săbiile dușmanilor sunt frânte pentru totdeauna și tu le-ai distrus orașele. Uite, nu am niciun loc în care să fiu acum; nu am în posesiune niciun oraș; nu am

arme acum. Prin fiecare națiune și în toată provincia numele lui Isus răsună și chiar și deșertul este plin de călugări.

Nu e de mirare că Dumnezeu râde de el (Psalmi 2:4). Poți vedea cât de umilit este de Isus? Îl las pe Antoniu să îți spună ce s-a întâmplat în continuare.

Apoi m-am minunat și m-am bucurat de harul lui Dumnezeu și m-am adresat demonului cu aceste cuvinte: "Cu toate că ești un maestru al înșelăciunii, ai fost forțat să recunoști asta fără să minți. Cu adevărat Isus ți-a distrus puterile, te-a dezbrăcat de slava de înger, zaci zbătându-te în noroi." Abia am apucat să închei de rostit cuvintele că această persoană înaltă s-a prăbușit la menționarea numelui Mântuitorului.

De ce am ales această poveste? Pentru că tu poate că treci printr-o luptă chiar acum. Războiul spiritual nu reprezintă un semn că te-ai îndepărtat de calea cea bună. Pare să vină mai puternic pe drumul împlinirii destinului. Ține-te bine și înaintează prin Isus. Ai fost chemat spre măreție.

Poate că toate acestea sunt prea mult pentru tine? Nu te îngrijora! Am descoperit că Isus te crește în luptă în mod gradual în timp ce încrederea și credința ta în El cresc. El este Păstorul cel bun căruia îi pasă de oile Sale.

Întinzi o masă înaintea mea, provizii în mijlocul atacurilor dușmanilor mei; Îți pasă de toate nevoile mele, ungându-mi capul cu ulei plăcut mirositor, liniștitor, umplându-mi paharul din nou și din nou cu harul Tău (Psalmi 23:5, VOI).

Odihna este cea mai mare armă pe care o avem. Când ne odihnim în El, El se odihnește în noi și noi suntem împliniți. Aceasta este cea mai mare biruință, să stăm cu El pe tronul Lui.

Celui ce va birui îi voi da să șadă cu Mine pe scaunul Meu de domnie, după cum și Eu am biruit și am șezut cu Tatăl Meu pe scaunul Lui de domnie. (Apoc 3:21)

Sper că ceva din acest capitol ți-a fost de folos. Mai sunt atât de multe lucruri de spus, dar sunt încrezător că Isus te va învăța tot ceea ce ai nevoie să cunoști de aici înainte. Ești pe mâini bune!

Ne vom opri aici cu acest citat genial din Stăpânul Inelelor. O poveste în care mici ființe numite hobbiți, împreună cu prietenii lor eroici de la marginea societății înving cel mai mare rău dintre toate.

E ca în marile povești, Domnule Frodo. Cele care contează cu adevărat. Pline de întuneric și pericole au fost. Și uneori nu îți doreai să le cunoști finalul. Pentru că, cum se putea ca finalul să fie unul fericit? Cum se putea ca lumea să se întoarcă la ceea ce a fost înainte, când atât de mult rău s-a făcut? Dar până la urmă, e doar ceva trecător, această umbră. Chiar și întunericul trebuie să treacă. Va veni o nouă zi. Și când soarele va străluci, va străluci cu atât mai puternic.[3]

Iubesc finalurile fericite!

EPILOG : DINCOLO DE PĂMÂNT. IMPLICAȚIILE COSMICE

Nu am putut să închei această carte fără să te fac puțin curios cu un ultim mister. Un mister pe care îl contemplez de ani de zile. Aceasta este o idee distractivă care te va face să privești înspre viitor și care îți va întinde credința. Hai să vorbim despre a trăi "Dincolo de Pământ: Implicațiile cosmice ale Evangheliei!"

Iubesc Pământul. Este leagănul umanității. Pe cât de frumos este acum, știm că va fi transformat în ceva cu mult mai minunat. Va fi făcut din nou măreț într-un mod glorios.

Apoi am văzut un cer nou și un pământ nou; pentru că cerul dintâi și pământul dintâi pierisera, și marea nu mai era. Și eu am văzut coborându-se din cer, de la Dumnezeu, cetatea sfântă, Noul Ierusalim, gătită ca o mireasă împodobită pentru bărbatul ei. Și am auzit un glas tare care ieșea din scaunul de domnie și zicea: "Iată cortul lui Dumnezeu este cu oamenii! El va locui cu ei, și ei vor fi poporul Lui, și Dumnezeu însuși va fi cu ei. El va fi Dumnezeul lor. (Apoc 21:1-3)

Ne va avânta înspre o epocă de aur. Noi Îl vom vedea pe Dumnezeu. Totul se va schimba.

Și cu toate acestea, aici se află un alt mister al epocii KAINOS. Ceva foarte apropiat inimii Tatălui. Este rolul Ecclesiei în guvernarea întregului cosmos. Noi suntem co-moștenitori cu Hristos, a tuturor lucrurilor care aparțin Tatălui.

Însuși Duhul adeverește împreună cu duhul nostru că suntem copii

ai lui Dumnezeu. Și, dacă suntem copii, suntem și moștenitori: moștenitori ai lui Dumnezeu și împreună moștenitori cu Hristos, dacă suferim cu adevărat împreuna cu El, ca să fim și proslăviți împreună cu El. (Rom 8:16-17)

TOT ceea ce Hristos declară ca fiind al Său ne va aparține și nouă (PHI).

Tu ai puterea să gândești diferit de mine în acest subiect, dar urmărește logica Evangheliei glorioase:

Fiindcă (chiar întreaga) creație (toată natura) așteaptă cu nerăbdare *și* tânjește din toate puterile ca fiii lui Dumnezeu să fie făcuți cunoscuți (așteaptă pentru dezvăluirea lor, pentru descoperirea statutului lor ca și fiii) (Romani 8:19, AMPC).

Și speranța este că, în final, întreaga viață creată va fi salvată din tirania schimbării și a decăderii, și va împărtăși minunata libertate care poate aparține doar copiilor lui Dumnezeu (Romani 8:18-21, CEB).

Gândește-te la asta, totul, în toate locurile, așteaptă să fie eliberat din decădere de către copiii Luminii. Nu rata implicațiile profunde ascunse în Cuvânt. Biblia este incredibilă. Nu se sfiește să atace lucrurile cu care noi suntem confortabili. Ne invită în frumusețea misterului. Ne invită în locuri dincolo de cele mai nebunești vise ale noastre.

Dumnezeu poate face totul, știi - mult mai mult decât tu îți poți imagina vreodată sau poți ghici sau poți cere în cele mai nebunești vise! (Efeseni 3:20, MSG).

Putem vorbi pentru un moment de spațiu? Planeta noastră plutește în spațiu. Noi vedem stelele și luna în timpul nopții. Spațiul este o parte vitală din viața noastră.

Uită-te în spațiu, sunt cel puțin 13.8 miliarde de ani-lumină de cosmos doar în acest univers cunoscut, plin de galaxii, fiecare cu miliarde de stele, planete și luni. Este minunat.

Oamenii de știință spun că dacă pui o singură gaură de mărimea unui ac pe cer, doar în acel loc se află aproximativ 10.000 de galaxii. Îți poți imagina acest lucru? O gaură de ac este 10.000 de galaxii!

Ce se află în acele galaxii? Oare creația KAINOS are un scop dincolo de Pământ, în mijlocul stelelor? Te gândești vreodată la asta? Eu nu mă gândeam niciodată la acest lucru. Însă în Africa de Sud în anul 2013, am văzut într-un vis cum o carte plină de revelații era descuiată. Am văzut adevăr care fusese sigilat fiind acum descoperit multora. Duhul Sfânt ne trezește la noi posibilități glorioase:

Totuși nouă Dumnezeu ne-a descoperit și ne-a revelat aceste lucruri cu și prin Duhul Său, pentru că Duhul (Sfânt) caută cu sârguință, explorând și analizând totul, chiar investigând lucrurile profunde și fără de sfârșit ale lui Dumnezeu (sfaturile divine și lucrurile ascunse și care sunt dincolo de cercetarea atentă a omului). (1 Cor 2:10-12, AMPC)

Obișnuiam să credem că spațiul era în mare parte negru și gol. Știința descoperă că este mai frumos și mai minunat decât ne-am putut noi imagina în trecut. Spațiul este plin de stele gigant, găuri negre, nebuloase învolburate, culori frumoase și materie neagră (materialul misterios din care este făcut universul în cea mai mare parte). Știm atât de puține.

Oamenii de știință obișnuiau să creadă că Pământul era singura planetă compatibilă cu viața. Acum ei descoperă multe planete posibile care se află în zone locuibile din jurul stelelor. Astronomul veteran Seth Shostak din cadrul institutului SETI (acronim care vine de la "căutarea inteligenței extraterestre" - search for extraterrestrial intelligence) spune:

Numărul lumilor locuibile din galaxia noastră este în mod cert de ordinul a zeci de miliarde, minim, și nici nu am luat în considerare lunile. Știi, lunile pot fi și ele locuibile. Și numărul de galaxii vizibile nouă, în afară de a noastră, se ridică la aproximativ 100 miliarde. Deci 100 de miliarde înmulțit cu 10 miliarde este un milion de trilioane (planete locuibile) în universul vizibil.[1]

Toate acestea se află în bula noastră de spațiu numită uni-vers. S-ar putea să se afle mai multe acolo.

Universul în care noi trăim s-ar putea să nu fie singurul univers care există. De fapt, universul nostru s-ar putea să fie doar unul dintr-un

număr infinit de universuri care formează "multiversul".²

Scriptura învață că Dumnezeu a făcut multe locuri "cerești".

La început Dumnezeu a creat CERURILE și pământul (Gen 1:1).

"Ceruri" în Biblie se referă uneori la spațiu. Privește din nou la următoarele versete:

Când privesc cerurile – lucrarea mâinilor Tale –

luna și stelele pe care le-ai făcut (Ps 8:3).

Și după ce l-a dus afară, i-a zis: „Uită-te spre cer și numără stelele, dacă poți să le numeri." Și i-a zis: „Așa va fi sămânța ta." (Gen 15:5)

Și ia aminte, să nu cumva să îți ridici ochii spre ceruri, și când vei vedea soarele, luna și stelele, toate oștirile cerești, să nu fii ispitit să li te închini și să le slujești. (Deut 4:9)

Cu siguranță că există alte dimensiuni chiar lângă noi acum:

Există un tărâm nevăzut (2 Corint 4:18), al treilea cer (2 Corint 12:2), cerurile cerurilor (2 Cronici 6:18), multe locașuri în Casa Tatălui (Ioan 14:2), locuri pe Pământ și sub Pământ (Apocalipsa 5:3), în interiorul Soarelui (Apocalipsa 19:7) și Locuința Morților (Luca 16:23).

Teoreticienii coardelor cuantice sugerează că ar exista zece dimensiuni. Majoritatea dintre ele aflându-se dincolo de abilitatea prezentă a științei de a le descoperi. Alți teoreticieni cuantici susțin că ar putea exista și mai multe. Cândva l-am auzit pe Ian Clayton zicând că ar exista 32! Încă nu l-am întrebat despre asta.

Următorul aspect este cel mai minunat dintre toate: cumva, toate aceste lucruri, toate-lucrurile așteaptă ca Isus să fie descoperit în fiii KAINOS. Așteaptă descoperirea noastră împreună cu Hristos în slavă.

Întreaga creație stă cu sufletul la gură ca să vadă minunata priveliște a fiilor lui Dumnezeu ajungând la statura lor deplină (CEB)... de abia așteaptă ceea ce urmează să se întâmple (MSG).

(Scopul este) ca prin biserică, complicata și multifațetata înțelepciune a lui Dumnezeu în toată varietatea ei infinită și aspectele ei nenumărate să poată fii acum făcută cunoscută conducătorilor îngerești și autorităților (principalități și puteri) în

sfera cerească (Efeseni 3:10, AMP).

Este înscris în ADN-ul nostru spiritual să mergem mai departe la fel ca și Enoh prietenul lui Dumnezeu.

Enoh a văzut toate "secretele cerurilor" și a fost primul care a scris despre Sistemul Solar. Acest lucru este înregistrat în cartea Etiopiană a lui Enoh[3] din care Iuda a citat în Noul Testament. Enoh a fost al șaptelea de la Adam, număr care este simbolic pentru finalul acestei epoci.

Vreau să sugerez că Pământul este doar începutul re-creației. Este leagănul umanității, începutul unei călătorii pline de aventură, o călătorie ce are scopul de a răspândi ordinea plină de desfătare a Cerului în mijlocul haosului, reîmpăcându-l cu Hristos, aducându-l înapoi în frumusețea Designului său.

Conducerea Lui plină de pace, mereu în continuă creștere, nu va avea sfârșit niciodată. El va conduce cu perfectă dreptate și corectitudine de pe tronul tatălui său David. (TLB) Stăpânirea Lui va crește continuu, și pacea nu va avea sfârșit (LEB). Va avea... creștere nelimitată. (GW) (Isaia 9:7)

Noi presupunem că toate acestea sunt doar pentru viitor. Cu toate acestea Rick Joyner crede că unii din sfinții din Cer deja învață să guverneze locuri cosmice. În excelenta sa carte *The Final Quest (Căutarea finală)* Rick a scris ceea ce a văzut într-o viziune cerească:

În timp ce m-am apropiat de Scaunul de Judecată a lui Hristos, cei aflați în ierarhiile cele mai înalte erau de asemenea așezați pe tronuri care făceau toate parte din tronul Său. Chiar și cele mai mici din aceste tronuri erau de o mie de ori mai glorioase decât orice tronuri pământești. Unii din aceștia erau conducători peste treburile Cerului, și alții peste treburile creației fizice, precum sisteme solare și galaxii.[4]

Cred că majoritatea oamenilor care au citit această carte profundă nu au prins implicațiile a ceea ce Rick Joyner a văzut. Poate că acum suntem cu adevărat pregătiți să ascultăm? Dumnezeu sparge tiparele!

Odată eram adânc absorbit în Dumnezeu, într-un timp de rugăciune cu prietenii. Dintr-o dată am văzut o lumină foarte strălucitoare. Timp de câteva secunde am fost tras repede în sus în această rază. Am avut senzaţia că mă mişcam cu mare viteză.

Fără avertisment, am descoperit că sunt împreună cu Isus într-un alt loc al spaţiului. Stăteam amândoi pe ceea ce părea ca fiind o lună ce era faţă în faţă cu o frumoasă nebuloasă. Era minunat!

Erau îngeri care arătau ca şi mingi de lumină şi se mişcau intrând şi ieşind din norii nebuloasei slăvindu-L pe Dumnezeu. Norii de praf vibrau de culori roşiatice şi portocalii. Era acolo în apropiere o planetă superbă de culoare albăstruie care avea inele ca şi Saturn. Umplea aproape tot cerul. Îţi tăia respiraţia!

După un foarte scurt timp, am fost tras înapoi în camera de rugăciune fără niciun avertisment, plin de Duhul Sfânt, întrebându-mă de ce s-a întâmplat acest lucru. Cred ca la fel ca toţi marii artişti, Isus a vrut să-mi arate puţin din ceea ce El a făcut. Totul a fost creat de El şi prin El. Lucrul uimitor este că El iubeşte să îşi împartă creaţia cu noi! El ne iubeşte!

Pentru că prin El au fost făcute toate lucrurile care sunt în ceruri şi pe pământ, cele văzute şi cele nevăzute: fie scaune de domnii, fie dregătorii, fie domnii, fie stăpâniri. Toate au fost făcute prin El şi pentru El. (Coloseni 1:16)

Isus a făcut totul. Nu ar trebui să ne temem de asta. Este parte din viaţa Sa şi acum şi din a noastră pentru că noi suntem uniţi cu El. În timp ce creşti afli tot mai multe. Este prin Design Divin!

În concluzie, prin tot ceea ce am scris în această carte, cred în mod ferm că ceea ce urmează nu are precedent istoric. Nu este doar o repetiţie a unor treziri spirituale din trecut sau revărsări ale Duhului (cu toate că noi iubim şi onorăm trecutul). Nicio formă mentală nu Îl poate conţine pe Hristosul nelimitat din noi.

Apostolul Pavel a înţeles acest adevăr şi a zis:

Niciodată nu încetez să mă rog pentru voi; şi aceasta este rugăciunea mea. Că Dumnezeu, Dumnezeul Domnului nostru Isus Hristos şi Tatăl glorificat, vă va da înţelepciune spirituală şi înţelegere ca să cunoaşteţi mai mult din El: ca voi să primiţi acea revelaţie interioară a duhului care vă va face să realizaţi cât de mare este speranţa la care El vă cheamă - măreţia şi splendoarea moştenirii promisă creştinilor - şi cât de extraordinară este puterea

disponibilă nouă celor care credem în Dumnezeu (Efeseni 1:17-19, PHI).

Noi urmează să fim

interstelari

transdimensionali și

nemuritori.

Orice va veni în viitor va implica și cosmosul. Fie prin avansul tehnologiei spațiale și cuantice, teleportare KAINOS sau pur și simplu prin a învăța să ne mișcăm mai deplin în Tărâmul Spiritual dincolo de corpurile noastre, eu știu că în creșterea noastră vom ajunge să avem o perspectivă mult mai largă. Dumnezeu ne conduce înspre o lume complet nouă și niciodată nu vom mai privi înapoi!

Generațiile finale ale acestui Pământ urmează să trăiască cea mai mare aventură pe care lumea a cunoscut-o vreodată.[5]

Cu adevărat, vom spune că Dumnezeu a păstrat cel mai bun vin pentru final!

TRADUCERI BIBLICE

Acolo unde nu este menționat, am folosit traducerea New King James Version (NKJV, Copyright © 1982 de Thomas Nelson) pentru referințele biblice din această carte. Celelalte traduceri pe care le-am folosit sunt după cum urmează:

AMP - Amplified Bible (Biblia amplificată), Copyright © 2015 de către Fundația The Lockman, La Habra, CA 90631.

AMPC - Amplified Bible, Classic Edition (Biblia amplificată, Ediția clasică), Copyright © 1954, 1958, 1962, 1964, 1965, 1987 de către Fundația The Lockman.

BE - Bible in Basic English (Biblia în Engleza de Bază), Copyright © 1965 de Cambridge Press în Anglia.

CEV - Contemporary English Version (Versiunea Engleză Contemporană), Copyright © 1995 de către Societatea Biblică Americană.

CJB - Complete Jewish Bible (Biblia Ebraică Completă), Copyright © 1998 de David H. Stern.

DAR - Darby Translation (Traducerea Darby), domeniu public.

DLNT - Disciples' Literal New Testament (Noul Testament Literal al Ucenicilor), Copyright © 2011 Michael J. Magill. Toate drepturile rezervate. Publicată de Reyma Publishing.

DRB - Douay-Rheims 1899 Ediția Americană, domeniu public.

ERV - Easy-to-Read Version (Versiunea ușor de citit), Copyright © 2006 de Bible League International.

GW - GOD'S WORD Translation (Traducerea Cuvântul lui Dumnezeu), Copyright © 1995 de către God's Word to the Nations. Baker Publishing Group.

HCSB - Holman Christian Standard Bible (Biblia Creștină Standard Holman), Copyright © 1999, 2000, 2002, 2003, 2009 de către Holman Bible Publishers, Nashville Tennessee.

ISV - International Standard Version (Versiunea Standard Internațională), Copyright © 1995-2014 de către Fundația ISV, Editura Davidson, LLC.

KJV - King James Version (Versiunea King James), domeniu public.

KNO - The New Testament Paperback (Noul Testament Necartonat), Copyright © de Ronald A. Knox.

LEB - Lexham English Bible (Biblia Engleză Lexham) 2012 de către Logos Bible Software. Lexham este o marcă înregistrată a lui Logos Bible Software.

MIR - The Mirror Bible (Biblia The Mirror - "Oglinda"), Copyright © 2012 de Francois du Toit.

MSG - The Message (Mesajul), MSG Copyright © 1993, 1994, 1995, 1996, 2000, 2001, 2002, de Eugene H. Peterson.

NLT - New Living Translation (Traducerea Noua Viață), Copyright © 1996, 2004, 2007, 2013 de către Tyndale House Foundation. Tyndale House Publishers Inc., Carol Stream, Illinois 60188. Toate drepturile rezervate.

NLV - New Life Version (Versiunea Noua Viață), Copyright © 1969 de Christian Literature International.

NOG - Names Of God Bible, The Names of God Bible, without notes (Biblia Numele lui Dumnezeu, fără notițe), Copyright © 2011 de Baker Publishing Group.

PAS - The Passion Translation (Traducerea The Passion - "Pasiunea"), Copyright © 2014 de Brian Simmons.

PHI - The New Testament in Modern English (Noul Testament în Engleza Modernă) de J. B. Phillips, Copyright © 1960, 1972 J. B. Phillips. Administrat de Consiliul Arhiepiscopilor al Bisericii Anglicane.

TLB - The Living Bible (Biblia Vie), Copyright © 1971 de Tyndale House Foundation.

TCNT - Twentieth Century New Testament (Noul Testament din Secolul Douăzeci), Copyright © 2013 de către Hardpress Publishing.

WE - Worldwide English - New Testament (Engleza Universală - Noul Testament) Copyright © 1969, 1971, 1996, 1998 de către SOON Educational Publications.

WMS - The New Testament in the Language of the People (Noul Testament în Limba Popoarelor), tradus din Greacă de Charles B. Williams, Copyright © 1972 Moody Publishers.

WNT - The Weymouth New Testament (Noul Testament Weymouth), cunoscut de asemenea și ca Noul Testament în Limbaj Modern, Copyright © 1903, James Clarke & Co (London).

VOI - The Voice (Vocea), Copyright © 2012 Thomas Nelson, Inc. The Voice™ translation © 2012 Societatea Biblică Ecclesia.

NOTA TRADUCĂTORULUI

În limba engleză există numeroase versiuni traduse ale Bibliei şi metodele folosite pentru a traduce Biblia din limbile originale în care a fost scrisă sunt diferite pentru fiecare versiune în parte. Din acest motiv, există diferenţe semnificative între înţelesul unor versete într-o anumită versiune în engleză a Bibliei şi altă versiune în limba engleză. De multe ori, autorii creştini care scriu în limba engleză vor folosi în scrierile lor versete din mai multe traduceri diferite ale Bibliei, alegând să folosească acea versiune care se potriveşte cel mai bine cu mesajul pe care ei doresc să îl transmită în cadrul unui anumit argument.

Acest lucru este valabil şi în cartea de faţă. Autorul a folosit versete biblice din mai multe traduceri diferite, în funcţie de argumentul pe care dorea să îl ofere şi de exemplele pe care dorea să le dea cititorului în pasajul respectiv. De cele mai multe ori, versetele biblice alese de el sunt destul de diferit formulate în traducerile în limba română ale Bibliei faţă de felul cum ele apar în versiunile din limba engleză. Din păcate, traducerile biblice care ne sunt disponibile în prezent în limba română sunt mult mai puţine decât cele existente în limba engleză. Pentru a păstra înţelesul contextual şi pentru a se înţelege corect argumentele autorului, am ales în cele mai multe situaţii să nu folosesc una din versiunile de traducere biblică oficială pe care le avem deja în limba română, ci să traduc versetul sau versetele respective cuvânt cu cuvânt din engleză în română.

Atunci când am tradus în felul acesta, am păstrat acronimul traducerii respective în engleză (exemplu Isaia 60:1-3, MSG - traducerea The Messenger a Bibliei). În cazul versetelor unde exista o bună potrivire între o traducere biblică pe care o avem deja în română şi versiunea în limba engleză aleasă de autor în materialul original al cărţii, am ales să pun versetele respective aşa cum apar ele în traducerile biblice în limba română și să folosesc acronimul pentru traducerea respectivă (exemplu Fapte 12:6-16, VDC - versiunea Dumitru Cornilescu).

Am ales să folosesc această metodă cu scopul de a păstra fidelitatea față de mesajul original transmis de autor. Având în vedere că există mai multe traduceri ale Bibliei, atât în limba engleză cât și în limba română, și nu există (încă) un consens între specialiști care versiune ar fi cea mai "bună" dintre toate, am considerat că este mai important în procesul de traducere să mențin ca și prioritate transmiterea cât mai fidelă și cât mai ușor de înțeles a ideilor prezentate de autor. Folosirea în cazul fiecărui verset a unor versiuni oficiale ale Bibliei în limba română ar fi făcut mult mai dificile citirea și înțelegerea mesajului cărții prin necesitatea de a adăuga explicații suplimentare de fiecare dată când versetele utilizate erau foarte diferit traduse în română față de engleză.

Traducerile în limba română folosite sunt:

- BVA - Biblia în Versiune Actualizată, Copyright © 2015, 2018 de Viorel Silion.

- ECDR - Ediția Dumitru Cornilescu Revizuită, Copyright © 2010, 2014, 2016 Societatea Biblică Interconfesională din România, cu acordul Societății Biblice Britanice.

- NTR - Noua Traducere Românească, NTR™ Copyright © 2007, 2010, 2016, 2021 Biblica, Inc.

- VDC - Versiunea Dumitru Cornilescu, Copyright © British and Foreign Bible Society (BFBS) și Societatea Biblică Interconfesională din România (SBIR) 2014.

REFERINȚE

Prolog: Zori de zi
- (1) Larry Randolph, Spirit Talk, Hearing the Voice of God. MorningStar Publications (2005).
- (2) C. S. Lewis, Creștinism pur și simplu. Citat accesat pe www.goodreads.com
- (3) Rick Joyner, A Prophetic Vision for the 21st Century. Thomas Nelson Publishers, 1999.
- (4) Patricia King, Spiritual Revolution: Experience the Supernatural in Your Life. Destiny Image (2006).

Partea Întâi - Introducere
Secerișul care vine
- (1) (1) Rick Joyner, Visions of the Harvest - Revizuită și extinsă. Ediție E-Book. Distribuită de MorningStar Publications, Inc (2013).

Fiii KAINOS
- (1) James Strong. Strong's Biblical Dictionary publicat în 1800. Accesat online pe www.blueletterbible.org.
- (2) W.E. Vine's M.A Expository Dictionary of New Testament Words, publicat în 1940 și fără copyright.

Co-misiune Mistică
- (1) Patricia King, Spiritual Revolution, Experience the Supernatural in Your Life Through Angelic Visitations, Prophetic Dreams, Visions, and Miracles. Destiny Image (2006).
- (2) Rick Joyner, află mai multe pe www.morningstarministries.org.

Partea a doua - Omul Kainos
Capitolul 1 - Trăind din Sion
- (1) Paul Keith Davis, află mai multe pe www.whitedoveministries.org.
- (2) Roland H. Buck, Îngerii la datorie. Whitaker House (1979).
- (3) Rick Joyner, Făclia și sabia. Morningstar Publications (2003).
- (4) James Maloney, Ladies of Gold: The Remarkable Ministry of the Golden Candlestick, Volumul 1. Answering the Cry Publications (2011).
- (5) Rick Joyner, The Sword and the Torch. Morningstar Publications

(2003).

(6) Martin Luther King, Jr. citat de pe BrainyQuote.com.

(7) Resurse de Ian Clayton sunt disponibile pe www.sonofthunder.org.nz.

Capitolul 2 - Comunitatea Angelică

(1) Bobby Connor, https://companyofburninghearts.wordpress. com/2011/10/14/other-voices- bobby-conner-wisdom/ (2011).

(2) Richard Sharpe, Adomnan of Iona - Life of St Columba. Penguin Books (1995).

(3) Randy Clark, Kingdom Foundations - o conferință în Cardiff, Wales (2013).

(4) John Paul Jackson, citat luat dintr-o înregistrare live în Anglia, Regatul Unit. Află mai multe despre John Paul pe www.streamsministries.com.

(5) Roland H. Buck, Îngerii la datorie. Whitaker House (1979).

(6) Gary Oates, Open My Eyes, Lord: A Practical Guide to Angelic Visitations and Heavenly Experiences. Open Heaven Publications (2004).

Capitolul 3 - Norul de martori

(1) C. S. Lewis, de pe www.goodreads.com.

(2) Rick Joyner, Căutarea Finală. MorningStar Publications (1996).

(3) Roberts Liardon, We Saw Heaven. Destiny Image (2000).

(4) Godfrey Birtill, Two Thousand Years Ago. 2012 © Thankyou Music UK.

(5) James Innell Packer and Thomas C. Oden, One Faith The Evangelical Consensus. InterVarsity Press (2004).

(6) Rev. Fr. Angelo Pastrovicchi, St. Joseph of Copertino. TAN Books (1980).

(7) Sfântul Francis de Assisi, de pe www.goodreads.com.

(8) Paul Keith Davis, dintr-o sesiune de învățătură din cadrul unei conferințe live. Găsește mai multe învățături de Paul Keith pe www. whitedoveministries.org.

Capitolul 4 - Telepatici prin Design

(1) Upton Sinclair, Mental Radio. Read Books Ltd (2013).

(2) Hans Berger, citat de pe http://news.discovery.com/human/life/love-telepathy-is-it-real-120212.htm.

(3) Citat accesat pe http://www.spiritscienceandmetaphysics.com/scientific- proof-our-minds-are-all-connected/.

(4) Citat accesat pe http://www.dailymail.co.uk/news/article-2745797/Scientists-claim-telepathy-success-sending-mental-message-one-person-4-000- miles-away.html.

Capitolul 5 - Centre telepatice: un singur trup

(1) David Humphries, The Lost Book of Enoch. Cambridge Media Group (2006).

(2) Jan Johnson, Madame Guyon. Bethany House Publishers (1998).

(3) Joan Carroll Cruz. Mysteries, Marvels, Miracles in the Lives of the

Saints. Tan Books and Publishers (1997).

(4) Ibidem.

Capitolul 6 - Vedere la distanță
(1) https://en.wikipedia.org/wiki/Remote_viewing
(2) Richard Sharpe, Adomnan of Iona - Life of St Columba. Penguin Books (1995).

Versuri disponibile pe: http://www.metrolyrics.com/a-whole-new-world-lyrics-aladdin.html

Capitolul 7 - Cunoaștere insuflată
(1) Definiția "cunoaștere insuflată" obținută de pe http://www.catholicculture.org/culture/library/dictionary/index.cfm?id=34207
(2) Kathie Walters, Celtic Flames. Good News Ministries (1999).
(3) John G. Lake, John G. Lake: His Life, His Sermons, His Boldness of Faith. Kenneth Copeland Publishing (1995).
(4) David Humphries, The Lost Book of Enoch. Cambridge Media Group (2006).

Capitolul 8 - Transport miraculos
(1) John Paul Jackson, citat luat dintr-o înregistrare live în Anglia, Regatul Unit. Află mai multe despre John Paul pe www.streamsministries.com.
(2) Ibidem.
(3) Joan Carroll Cruz. Mysteries, Marvels, Miracles in the Lives of the Saints. Tan Books and Publishers (1997).
(4) Ibidem.
(5) Ibidem.
(6) Poți afla mai multe ascultând podcastul nostru gratuit intitulat "Translocare cu Ian Clayton" (Transrelocation with Ian Clayton). Disponibil pe http://companyofburninghearts.podomatic.com sau iTunes.

Capitolul 9 - Metamorfoză
(1) David Adam, Walking the Edges, Living in the Presence of God. Society for Promoting Christian Knowledge, Bookmarque Ltd (2003).
(2) Joan Carroll Cruz. Mysteries, Marvels, Miracles in the Lives of the Saints. Tan Books and Publishers (1997).
(3) Cassandra Eason, Fabulous Creatures, Mythical Monsters, and Animal Power Symbols: A Handbook. Greenwood Publishing Group (2008). Disponibilă GRATUIT pe: http://companyofburninghearts.podomatic.com.
(4) (4) Disponibilă GRATUIT pe: http://companyofburninghearts.podomatic.com.

Capitolul 10 - Transferuri dimensionale
(1) Julian of Norwich. Citat accesat pe: http://jordandenari.com/2013/11/08/more-in-heaven-wisdom-from-julian-of- norwich/.
(2) Joan Carroll Cruz. Mysteries, Marvels, Miracles in the Lives of the

Saints. Tan Books and Publishers (1997).
(3) Ibidem.
(4) Omul ceresc, Fratele Yun şi Paul Hattaway: Remarcabila poveste a vieţii Fratelui Yun din China. Monarch Books (2002).
(5) Michael Van Vlymen, Supernatural Transportation, Moving Through Space, Time and Dimensions for the Kingdom of Heaven. Ministry Resources (2016).
(6) Învăţăturile lui Nancy Coen sunt disponibile prin Benji Fiordland pe www.revivalschoolnz.com.

Capitolul 11 - Inedia: Postul prelungit.
(1) John Crowder, The Ecstasy of Loving God: Trances, Raptures, and the Supernatural Pleasures of Jesus Christ. Destiny Image (2008).
(2) Kathie Walters, Celtic Flames. Good News Ministries (1999).
(3) Omul ceresc, Fratele Yun şi Paul Hattaway: Remarcabila poveste a vieţii Fratelui Yun din China. Monarch Books (2002).
(4) Joan Carroll Cruz. Mysteries, Marvels, Miracles in the Lives of the Saints. Tan Books and Publishers (1997).
Pentru mai mult pe acest subiect ascultă învăţătura din podcastul nostru - Viaţă şi Nemurire (Life and Immortality). Disponibil GRATUIT pe: http:// companyofburninghearts.podomatic.com. (martie 2015)

Capitolul 12 - Dincolo de somn: răscumpărarea nopţii
(1) Paul Keith Davis, vorbind la seminarul "Pământul făgăduit" în Chester, Regatul Unit, împreună cu MorningStar Europe (Nov 2015). Vizitează www.morningstareurope.org pentru mai multe informaţii.
(2) Învăţăturile lui Nancy Coen sunt disponibile prin Benji Fiordland pe www.revivalschoolnz.com. Recomand cu tărie!
(3) David Adam, Aidan, Bede, Cuthbert: Three Inspirational Saints. Society for Promoting Christian Knowledge, Bookmarque Ltd (2006).
(4) W. Heywood, The Little Flowers of St. Francis of Assisi. Arrow Books Ltd (1998).
(5) Montague Summers, Physical Phenomena of Mysticism. Kessinger Publishing Co (2003).
(6) James Strong. Strong's Biblical Dictionary published in 1800. Accesat online via www.blueletterbible.org.

Capitolul 13 - Stăpânire peste creaţie
(1) John Paul Jackson. Citat de pe: http://www.streamsministries. com/ resources/discipleship/some-thoughts-about-the-earth-and-righteousness.
(2) Supernatural weather miracle (Miracol meteo supranatural) - http://www.telegraph.co.uk/finance/ newsbysector/ retailandconsumer/8985975/Shops-feel-the-chill-as-country- basks-in-mild-winter.html.
(3) W. Heywood, The Little Flowers of St. Francis of Assisi. Arrow Books Ltd (1998).
(4) David Adam, Aidan, Bede, Cuthbert: Three Inspirational Saints.

Society for Promoting Christian Knowledge, Bookmarque Ltd (2006).

(5) John Sandford and Mark Sandford, Healing the Earth... A Time for Change. BT Johnson Publishing (2013).

(6) R. H. Charles, Cartea Jubileelor. Din "The Apocrypha and Pseudepigrapha of the Old Testament". Oxford Clarendon Press (1913).

(7) John Sandford and Mark Sandford, Healing the Earth... A Time for Change. BT Johnson Publishing (2013).

Capitolul 14 - Conflictul ceresc

(1) David Humphries, The Lost Book of Enoch. Cambridge Media Group (2006).

(2) Paul Keith Davis, The Days of Noah, serii de învățături audio. Disponibile prin cumpărare pe www.whitedoveministries.org.

(3) Ian Clayton, dintr-o sesiune de învățătură live la "Dincolo de văl" ("Beyond the Veil") împreună cu COBH. Găsește resurse pentru învățătură pe: www.sonofthunder.org.nz.

(4) Bill Johnson, Găzduirea Prezenței Lui. Dezvăluirea agendei Cerului. Destiny Image (2012).

(5) Bill Johnson, Spiritual Java. Destiny Image (2010).

(6) Godfrey Birtill, Hijacked into Paradise. Whitefield Music (2009).

Capitolul 15 - Înfruntând puteri

(1) Rick Joyner, When God Walked the Earth. MorningStar Publications (2007).

(2) Carolinne White, Early Christian Lives. Penguin Books (1998).

(3) J. R. R. Tolkien, de pe http://www.counciloflrond.com/moviebook/4-07-the- stories-that-really-matter/.

Epilog: Dincolo de Pământ - Implicațiile cosmice

(1) Seth Shostak. Citat de pe: http://www.huffingtonpost. com/2014/06/24/ habitable-planets-seth-shostak_n_5527116.html.

(2) Clara Moskowitz. Citat de pe: http://www.space.com/18811-multiple-universes-5-theories.html.

(3) David Humphries, The Lost Book of Enoch. Cambridge Media Group (2006).

(4) Rick Joyner, The Final Quest. MorningStar Publications (1996).

(5) Rick Joyner, The Apostolic Ministry. MorningStar Publications (2004).

Capitol bonus: Umblând pe aer

(6) John Crowder, The Ecstasy of Loving God, Trances, Raptures and the Supernatural Pleasures of Jesus Christ. Destiny Image (2009).

(7) Teresa of Avila and J. Cohen, The Life of Saint Teresa of Avila by Herself. Penguin Books (1987).

(8) Ibidem.

(9) Joan Carroll Cruz. Mysteries, Marvels, Miracles in the Lives of the Saints. Tan Books and Publishers (1997).

(10) Raymond of Capua, The Life of St. Catherine of Sienna. Domeniu

public.

(11) Joan Carroll Cruz. Mysteries, Marvels, Miracles in the Lives of the Saints. Tan Books and Publishers (1997).

(12) Rev. Fr. Angelo Pastrovicchi, St. Joseph of Copertino. TAN Books (1980).

(13) John G. Lake, John G. Lake: His Life, His Sermons, His Boldness of Faith. Kenneth Copeland Publishing (1995).

CAPITOL BONUS: UMBLÂND PE AER

Frumusețea Ta vibrantă a intrat în interiorul nostru - ai fost așa de bun cu noi! Umblăm pe aer! (Psalmul 89, MSG)

Ah, ai descoperit capitolul secret! Ca și o scenă extra în genericul de final al unui film, m-am gândit că ar fi distractiv să mai strecor încă o idee KAINOS la sfârșit. Am scris mai multe alte capitole care nu au reușit să treacă de editarea de final a cărții, dar pur și simplu nu am putut să îl las pe dinafară. E pur și simplu prea multă distracție KAINOS în acesta!

LEVITAȚIA!

Dacă vrei încă ceva în plus continuă să citești... am pornit!

Isus a venit și ne-a restaurat acolo unde trebuia să fim încă de la început. În ultimul său gest înainte de a se întoarce în Cer, El s-a ridicat și a plutit deasupra pământului și apoi a dispărut.

În timp ce Își încheia misiunea, El a început să se ridice de pe pământ în fața ochilor lor până când norii l-au ascuns de privirile lor. (Faptele Apostolilor 1:9, VOI)

Cred că Isus a făcut acest lucru pentru a arăta lumii că fiii stăpânesc cerurile. Cine stăpânește cerurile câștigă războiul.

Mulți au mers pe urmele lui Isus și au plutit în sus. Sute de sfinți catolici au fost văzuți făcând asta. Și câți alții au făcut asta în mod privat?

Cine sunt *aceștia* care zboară ca și un nor? (Isaia 60:8)

Acest miracol este numit "Levitație" sau "Înălțare". Este unul din fenomenele rugăciunii mistice, cel mai adesea asociat cu stările de extaz și răpirile.

Se pare că gravitația reprezintă o forță mai slabă decât ridicările încântătoare ale Dragostei Divine! Ascultă această mărturie a Mariei Villani, o călugăriță Dominicană:

Odată am descoperit că devin conștientă de o nouă experiență. M-am simțit luată pe sus și îmbătată în toate simțurile mele, și asta într-un mod atât de puternic încât am descoperit că fusesem

ridicată complet de tălpile picioarelor, așa cum un magnet atrage un fragment de fier, dar cu o gingășie care era minunată și încântătoare. La început am simțit multă teamă, dar ulterior am rămas în cea mai mare mulțumire și bucurie duhovnicească. Eram cu totul îmbătată, și cu toate acestea, am știut că am fost ridicată o anumită distanță de la Pământ, întreaga mea ființă fiind suspendată un timp semnificativ de îndelungat. Până la ultimul Ajun de Crăciun (din anul 1618) acest lucru mi s-a întâmplat în cinci ocazii diferite.[1]

Una din cele mai mari influențe asupra vieții mele a avut-o Teresa de Avila. Ea a fost un teolog mistic care a experimentat ea însăși tot ceea ce a scris. Ea a documentat fazele rugăciunii și cum se simțeau diferitele stări de extaz. Am citit autobiografia ei din nou și din nou.[2] O iau cu mine peste tot în lume.

În această poveste Teresa predica și a simțit o răpire înălțătoare venind peste ea. Ea deja le ceruse prietenilor să o ajute în caz că urma să se întâmple așa ceva. Era rușinată!

Simțeam că Domnul era pe punctul să mă răpească din nou, și odată în mod specific în timpul unei predici - eram la o masă de sărbătoare dată de sponsorul nostru și câteva doamne de renume erau prezente - m-am întins pe pământ și surorile au încercat să mă țină, dar cu toate acestea levitația a fost observată.[3]

Îți poți imagina asta?! O grămadă de călugărițe sărind peste ea să o țină. Oare ce au crezut doamnele care o vizitau? Probabil că a arătat incredibil de amuzant! Și cu toate acestea a fost ridicată în Duhul.

Teresa a descris în detaliu cum se simțeau răpirile. Mă fac atât de flămând după Dumnezeu.

Efectele răpirii sunt mari. Unul este acela că măreața putere a Domnului este manifestată. Vedem că noi nu putem face nimic împotriva Voii Maiestății Sale de a controla fie sufletul fie trupul. Noi nu suntem stăpânii; fie că ne place sau nu, vedem că există unul mai puternic decât noi; că aceste favoruri sunt date de El, și că, prin noi înșine, nu putem face nimic.

Ea continuă:

Acest lucru imprimă o adâncă smerenie asupra noastră. Mărturisesc că în mine a dat naștere la o mare teamă, la început era o teamă foarte mare. Îţi vezi corpul fiind ridicat de la pământ; şi deşi duhul îl ridică după el însuşi, şi face acest lucru în modul cel mai blând dacă nu există opoziţie, nu îţi pierzi conştiinţa. Cel puţin eu eram suficient de conştientă ca să realizez că eram ridicată. Măreţia Celui care poate face acest lucru este atât de vizibilă încât ţi se ridică părul pe tine, şi o mare frică vine asupra oricui la gândul de a ofensa un Dumnezeu atât de mare.

Minunat!

Ce iubesc eu la Teresa, e faptul că ea nu încerca să leviteze sau să facă altceva decât să se îndrăgostească tot mai adânc şi mai tare de Dumnezeu. Aceasta este calea mistică. Este calea Dragostei.

Sfântul Francis era un om de o integritate incredibilă care de asemenea a încercat să îşi ascundă levitaţiile. Adesea rugându-se în locuri izolate, prietenii săi îl găseau ridicat foarte sus în aer. Uneori zbura atât de sus încât nu mai putea fi văzut:

(Fratele Leo) l-a găsit pe Sf Francis afară din chilia sa (camera sa) ridicat sus în aer uneori la o înălţime de trei picioare, câteodată chiar patru (un metru, un metru şi jumătate, nt.), alteori pe jumătate ridicat sau în vârful fagilor - şi unii din aceşti copaci erau foarte înalţi. În alte dăţi el l-a găsit pe Sfânt ridicat atât de sus în aer şi înconjurat de o asemenea strălucire încât de-abia putea să îl vadă.[4]

Catherine de Sienna levita de la o vârstă fragedă. Pe cât de ciudat sună pentru noi, ea de fapt zbura în sus pe scările casei ei! Biograful ei, Raymond de Capua, scrie:

Mama ei m-a informat, şi Catherine a fost obligată să mi-o mărturisească, că atunci când încerca să urce scara ea era ridicată până sus fără să atingă scările cu tălpile ei, iar urcatul ei era cu o asemenea viteză încât mama ei tremura de frică să nu cadă.[5]

Sfântul Francis de Posadas, un călugăr dominican, adesea plutea în sus în timpul Sfintei Liturghii:

El a spus odată după ce s-a întors pe podea că, "nu pot să-mi dau seama dacă eu am părăsit pământul sau pământul s-a retras de sub mine". Odată, după recitarea cuvintelor de consacrare, corpul i s-a ridicat în aer şi a rămas suspendat. Când a coborât într-un final, adunarea a văzut că era învăluit de o mare lumină iar fața îi era transformată: ridurile îi dispăruseră, pielea îi era transparentă ca și cristalul și obrajii săi erau de un roșu închis.[6]

Unul din cei mai amuzanți sfinți în ceea ce privește zborul a fost un bărbat numit Iosif din Copertino. El era complet dependent de Dumnezeu și lucrurile simple obișnuiau să îi provoace răpiri și stări de extaz, începând cu vederea unei picturi cu Isus de Crăciun până la comuniunea zilnică. El plutea între două și trei ore pe zi. Nu este de mirare că este sfântul protector al piloților!

În timpul acestor explozii intense de bucurie el obișnuia să strige puternic, apoi să se înalțe, să zboare în jur și chiar să danseze în aer. Cartea care îi descrie viața, scrisă de părintele Angelo Pastrovicchi, uneori se citește precum "Divina Comedie". Mori de râs!

Cu o ocazie, Iosif era prezent la investiția mai multor călugărițe în biserica St Clare din Copertino. De îndată ce corul a intonat antifonul, "Vino Mireasa lui Hristos", el a fost văzut grăbindu-se din colțul unde era îngenuncheat înspre duhovnicul mănăstirii, care era un membru al Ordinului Reformați; l-a prins de mână pe acesta, l-a ridicat prin putere supranaturală de la podea, și l-a dansat în ritm rapid prin aer.[7]

Sună ca Marry Poppins! Cred că lui Dumnezeu îi place comedia. Gândește-te la sărmanul Ezechiel!

Apoi am văzut ceva ce părea un braț. Brațul s-a întins și m-a apucat de părul de pe cap. Apoi Duhul m-a ridicat în aer. (Ezechiel 8:3, ERV)

Chestii nebunești. Vom avea o grămadă de chestii amuzante care se vor întâmpla în următorii ani. Nu tot din ceea ce se întâmplă e ceva serios. Unele lucruri sunt pur și simplu pentru bucurie! Dumnezeu este un Dumnezeu fericit! (1 Timotei 1:11)

Levitația nu este doar un fenomen catolic. Marele apostol al vindecării John G. Lake a văzut miracole ale înălțării în timpul întâlnirilor sale. Lake scrie:

Într-o seară în timp ce predicam Duhul Domnului s-a coborât peste un om care era așezat pe primul rând. Era Dr. E. H. Cantel, un slujitor din Londra, Anglia. El a rămas într-o poziție așezată, dar a

început să se înalţe de pe scaun: gradual a coborât pe scaun: şi din nou progresiv a început să se înalţe, întrucâtva mai sus, apoi din nou a coborât. Acest lucru s-a repetat de trei ori. Era o inversiune a gravitaţiei? Nu cred. Propria mea concepţie este că sufletul său a devenit atât de unit cu Duhul lui Dumnezeu încât puterea de atracţie a lui Dumnezeu a fost atât de intensă că l-a tras în sus.[8]

Profetul Bobby Conner are de asemenea o poveste amuzantă despre levitaţie. Bobby slujea peste hotare într-o întâlnire la care se aflau mii de oameni. El a judecat greşit dimensiunea scenei pe care se afla şi a păşit peste marginea ei. Într-un mod uimitor el a plutit în aer. Alarmat, repede s-a întors pe scenă. Mai tîrziu Bobby L-a întrebat pe Dumnezeu de ce s-a întâmplat acest miracol. Dumnezeu a spus că a făcut-o ca Bobby să nu arate ca un prost!! Cât de amuzant! Asta este prietenie adevărată!

Noi de asemenea am avut parte de ceva distracţie cu levitaţie. Mă aflat în Melbourne, Australia, slujind împreună cu Ian Clayton. Dimineaţa am putut vedea pe faţa lui că a avut parte de o noapte specială. Ian avea din nou acea privire eternă. Ne-a spus ce s-a întâmplat. S-a trezit în mijlocul nopţii iar patul său se afla la o înălţime de câteva picioare în aer. A fost uimit. Am râs de asta. Pur şi simplu părea amuzant. Ian nu putea să îşi explice ce s-a întâmplat!

Orice am crede cu privire la acest subiect, în cele din urmă, cei din rasa noastră KAINOS vor cunoaşte CU TOŢII cum să leviteze. Viitorul este deja scris în Scripturi. Îl vom întâlni pe Isus în aer:

Stăpânul Însuşi va da porunca. Tunet de arhanghel! Răsunetul trompetei lui Dumnezeu! El va coborî din ceruri şi cei morţi în Hristos vor învia - ei vor fi primii. Apoi noi restul care încă suntem în viaţă la momentul respectiv vom fi traşi sus în nori împreună cu ei ca să îl întâlnim pe Domnul. Oh, *vom umbla pe aer* ! Şi apoi va avea loc o mare reuniune de familie împreună cu El. Aşa că încurajaţi-vă unii pe alţii cu aceste cuvinte. (1 Tesaloniceni 4:15-18, MSG)

Aceea va fi o zi uimitoare şi fericită.
Ne vedem în nori!

DESPRE AUTOR

Justin Paul Abraham este un podcaster popular și un vorbitor internațional cunoscut pentru învățăturile sale pline de bucurie despre Evanghelia fericită, tărâmurile mistice ale lui Dumnezeu și realitățile noii creații KAINOS. El locuiește în Regatul Unit împreună cu cei patru copii ai săi, Josh, Sam, Beth și Oliver, și cu soția sa inspirațională Rachel Abraham.

www.companyofburninghearts.com

SeraphCreative

Heaven's Heart for Earth

Seraph Creative este o colecție de artiști, scriitori, teologi și ilustratori care își doresc să vadă trupul lui Hristos crescând la deplina maturitate, umblând în moștenirea lor ca și Fii de Dumnezeu pe Pământ.

Abonează-te la newsletter-ul nostru ca să afli când vor fi lansate noi cărți scrise de Justin Paul Abraham, precum și alte lansări captivante.

Vizitează site-ul nostru:

www.seraphcreative.org

www.ingramcontent.com/pod-product-compliance
Lightning Source LLC
Chambersburg PA
CBHW051525120626
46551CB00012B/1078